AF107420

www.ingramcontent.com/pod-product-compliance
Lightning Source LLC
LaVergne TN
LVHW010348070526
838199LV00065B/5808
* 9 7 8 9 3 6 9 0 8 4 9 0 6 *

جامِ نو

(تضمینی شاعری)

اختر انصاری اکبرآبادی

© Akhtar Ansari Akbarabadi

Jaam-e-Nau *(Poetry Collection)*
by: Akhtar Ansari Akbarabadi
Edition: January '2025
Publisher :
Taemeer Publications LLC (Michigan, USA / Hyderabad, India)

ISBN 978-93-6908-490-6

9 789369 084906

مصنف یا ناشر کی پیشگی اجازت کے بغیر اس کتاب کا کوئی بھی حصہ کسی بھی شکل میں بشمول ویب سائٹ پر اَپ لوڈنگ کے لیے استعمال نہ کیا جائے۔ نیز اس کتاب پر کسی بھی قسم کے تنازع کو نمٹانے کا اختیار صرف حیدرآباد (تلنگانہ) کی عدلیہ کو ہوگا۔

© اختر انصاری اکبر آبادی

کتاب	:	**جامِ نو** (تضمینی شاعری)
مصنف	:	**اختر انصاری اکبر آبادی**
صنف	:	شاعری
ناشر	:	تعمیر پبلی کیشنز (حیدرآباد، انڈیا)
سالِ اشاعت	:	۲۰۲۵ء
صفحات	:	۱۲۴
سرورق ڈیزائن	:	تعمیر ویب ڈیزائن

۳

ڈاکٹر جی۔ ایم۔ ناز
کے نام

جس نے "اردو کی الجھنیں" لکھ کر ثابت کر دیا کہ وہ الجھی ہوئی گتھیوں کو سلجھانے میں کس قدر نفسیاتی مہارت رکھتا ہے۔

جس نے "سرد شعلے" لکھ کر مجھے خاطر خواہ طور پر متاثر کیا اور یہ بتایا کہ وہ ایک کامیاب افسانہ نگار بھی ہے

جس کے خلوص نے مجھ پر یہ بھی واضح کیا کہ وہ سرمایہ دار ہوتے ہوئے بھی سرمایہ دار نہیں وہ شاعروں اور ادیبوں کا قدردان ہے۔

اور اسی لئے وہ میرا دوست ہے۔

پھر یہ کتاب اسی کی نذر کیوں نہ کروں۔

نذر گذار

اختر انصاری اکبر آبادی

پیش لفظ

اختر صاحب انصاری اکبرآبادی کا کلام نظم و نثر رہنمائے تعلیم — میں جس کے ادبی حصہ کی ادارت میری تفویض میں ہے بارہا شائع ہوا ہے اور ناظرین نے بھی انکے خیالات کو شوق سے مطالعہ کیا ہے۔ ان کے بعض مخمس بھی جو انہوں نے شعرائے مشاہیر کی غزلیات پر کہے ہیں، میری نظر سے گذرے۔ اس میں شک نہیں کہ وہ ملک کے خوش گو شعراء میں شمار کئے جانیکے قابل ہیں، اور ان کی جملہ ادبی خدمات قابلِ داد اور قابلِ ستائش ہیں، خمسہ کہنا آسان کام نہیں۔ اچھی تخمیس اچھا مشّاق شاعر ہی کر سکتا ہے۔ متعدد بند انہوں نے بلاشبہ ایسے مرتب کئے ہیں کہ اس سے بہتر اور اس سے مختلف صورت خیال میں نہیں آسکتی۔ بیان کی بے تکلفی اور بندش کی مضبوطی نیز زبان کی سلاست اور سادگی مزید برآں۔ امید ہے کہ ناظرین بعد مطالعہ ان خیالات کی تائید فرمائیں گے اور ان کی خوش گوئی و محنت شاقہ کی داد دیں گے۔ فقط

جوش ملسیانی

۵

اختر کی تضمینوں پر ایک نظر

غور کیجیے تو یہ بھی ہمارے دَور کی شدید "انفرادیت پسندی" کا ایک ظہور ہے کہ تضمین اب نامقبول ہوگئی۔ اس "انفرادیت" کی شدید تر اور انتہاپسندانہ شکلیں تو علامتیت اور سوریلزم وغیرہ ہیں مگر عام طور پر بھی ادب میں انفرادی نفس کی حرمت کا بہت قوی احساس پایا جاتا ہے چنانچہ کسی اور شخص کی تخلیقی کاوشوں کے ساتھ یا اپنی ہی کسی ایک وقت کی تخلیق کے ساتھ کوئی پیوند جوڑنا بہت بعید از خیال ہوگیا ہے۔ ایک بڑی حد تک انفرادی نفس کا یہ احترام بجا ہے بلکہ تضمین کی نامقبولیت کا بھی جہاں تک تعلق ہے یہ نہیں کہا جاسکتا کہ اس سے ادب میں کوئی خاص کمی واقع ہوگئی۔ تاہم اس صنف میں کوئی ایسا عیب بھی نظر نہیں آتا، کہ اسے بالکل متروک اور ممنوع قرار دیدیا جائے۔ اب سے پہلے تو یہ ادب کی ایک خاصی مستقل سی صنف تھی اور اب بھی اگرچہ تضمین و تخمیس میں لوگ خود کم طبع آزمائی کرتے ہیں لیکن جب کبھی کوئی اچھی تضمین سامنے آتی ہے تو مزے لے کر سب پڑھتے ہیں۔

۶

یہ واقعہ ہے کہ اچھی تضمین سے غزل چمک جاتی ہے۔ غزل کا جوہر ہے ایجاز اور ایسی صنف سخن کیلئے جیسی کہ غزل کی تضمین کا طریقہ خاصا مناسب معلوم ہوتا ہے یہ اس ذیل میں آتی ہے جس میں ترجمہ اور شرح و تفسیر شامل ہیں

تضمین پر اعتراض یہ کیا جاتا ہے کہ یہ آورد سے تعلق رکھتی ہے، اور ایک مصنوعی سی سخنگوئی ہے۔ میری رائے میں یہ اعتراض پوری صنف پر عائد نہیں ہوسکتا بلکہ اچھی تضمینوں سے اس کی صریحاً تردید ہوتی ہے کوئی اچھا کلام طبیعت کو شعرگوئی پر عین اسی طرح مائل کرسکتا ہے جیسے کہ کوئی اور خارجی محرک۔ ترجمے شرحیں تبصرے اور جائزے ایسی ہی تحریکوں سے پیدا ہوتے ہیں۔ بعض اوقات اچھا کلام واقعی ایسا دل میں کھُب جاتا ہے کہ طبیعت اس پر رُوکے نہیں رُک سکتی اور وہ خود اچھی شاعری کی تخلیق کا باعث ہوجاتا ہے۔ علامہ اقبال کی بہت سی نظمیں جن کے اندر دوسرے شاعروں کے جواہر پارے تضمین کیے گئے ہیں اسکی عمدہ مثالیں ہیں۔

ہمارے دَور میں اختر انصاری اکبرآبادی صاحب کو اس صنف سے زیادہ شغف ہے۔ مجھے اعتراف ہے کہ جو غزلیں انہوں نے تضمین کی ہیں انہیں اختر کی تضمین کے ساتھ پڑھنے میں مجھے کہیں زیادہ لطف آیا۔

۷

اخترؔ صاحب عموماً چُست، برجستہ اور بیساختہ مصرعے لگاتے ہیں اور واقعی اصل شعر کو اپنی مرصع سازی سے چمکا دیتے ہیں۔

"مرصع سازی" پر شاید بعض لوگ چونکیں لیکن شعرگوئی میں الفاظ جملوں اور مصرعوں کی نشست و ترکیب جو اہمیت رکھتی ہے اُسے جتانے کی ضرورت نہیں۔ اخترؔ صاحب نے نہ صرف جوڑ خوب بٹھائے ہیں بلکہ رنگ سے رنگ بھی ملایا ہے۔ جوشؔ کی غزل پر جو تضمین ہے اس کے مصرعوں کا آہنگ جگرؔ والی تضمین کے آہنگ سے بین طور پر الگ ہے وعلیٰ ہٰذا القیاس۔

میں اخترؔ صاحب کو مشورہ دونگا کہ اگر وہ اس مشق کو جاری رکھنا چاہتے ہیں تو آئندہ اور زیادہ موزوں کلام کا انتخاب کریں کیونکہ ہر غزل چاہے اچھی ہی سہی تضمین کئے جانے کے لئے موزوں نہیں ہوتی۔ اس صنف کو تازہ کرنا ہو تو ناقدانہ، مجتہدانہ اور تخلیقی صلاحیتوں سے پورا پورا کام لینا ضروری ہوگا۔ اس مجموعے کا مطالعہ یقیناً بہت دلچسپ ہے۔ اور اخترؔ صاحب کی مشاقی و پختہ گوئی ہر بند سے ظاہر ہے۔

شان الحق حقی

۸

دیباچہ

حضرت اختر انصاری اکبرآبادی کا نام کسی تعارف کا محتاج نہیں آپ اکبرآباد کے نوجوان ادبا، وشعراء کے درمیان ایک امتیازی درجہ رکھتے ہیں اختر صاحب زبان وادب کی خدمت شعروافسانہ "تنقید وادب بجالارہے ہیں۔ آپ کے افسانوں اور نظموں کے مجموعے شائع ہوکر ملک سے خراجِ تحسین حاصل کرچکے ہیں زیر نظر کتاب آپ کے ان خمسوں کا مجموعہ ہے جس میں آپ نے دوسرے شعرائے نامدار کی غزلوں پر خمسے کئے ہیں۔ صنف خمسہ ایک ادق شغل ہے جسے ایک قادرالکلام شاعر ہی خوبصورتی سے نباہ سکتا ہے۔ لیکن اختر انصاری صاحب اکبرآبادی کی یہ کوشش بھی رائگاں نہیں گئی اور آپ نے کئی جگہ اس مجموعہ میں اپنے کمالِ فن کا مظاہرہ کیا ہے۔

اختر انصاری صاحب اکبرآبادی نے خمسے کرنے سے قبل جو غزلیں انتخاب کی ہیں وہ اپنی جگہ بہت بلند درجہ رکھتی ہیں۔ اس انتخاب میں ملک کے اچھے اچھے ماہرینِ فن کا کلام ہے اس پر

۹

اختر صاحب کی کاوشیں سونے پر سہاگہ معلوم ہوتی ہیں۔

اختر صاحب کی تضمینیں وقتاً فوقتاً میری نظر سے گذرتی رہتی ہیں۔ افسوس ہے کہ پورا مجموعہ میرے سامنے نہیں ورنہ اس کے حُسن و قبح پر ذرا تفصیل سے روشنی ڈالی جاتی لیکن توقع ہے کہ صاحبانِ ذوق اس مجموعہ میں کیف و سرور کا کافی سامان پائیں گے۔ میں یہ نہیں کہتا کہ اختر صاحب کی کاوش میں عیوب موجود نہیں۔ بلندی و پستی اکثر شعرا کے کلام میں پائی جاتی ہے پھر تضمین کے مشکل کام میں غلطیوں کا زیادہ امکان ہے۔ اس کے باوجود خوبیاں اتنی نمایاں ہیں کہ بے اختیار تعریف کرنے کو دل چاہتا ہے۔ میری دُعا ہے کہ اختر صاحب کی کاوشات مقبول ہوں، اور یہ اَور زیادہ ہوشمندی اور جذب و ہمّت سے ترقی و ناموری کی منازل طے کریں۔

احقر

حکیم یوسف حسن

مدیر "نیرنگِ خیال"۔

۱۰

جامِ نو

جامِ نو مئے کہنہ کی نوع کی ایک چیز کہیے جسے پیش کرنے والا کوئی مردِ کہن سال نہیں، جواں سال شاعر جناب اختر انصاری اکبر آبادی ہیں، یہ نئے اور پرانے اُستادانِ سخن کی غزلوں پر شاعر کی تضمینوں کا دلکش مجموعہ ہے۔

تشطیر اور تضمین ہمارے ادبی ماضی کی دلآویز یادگاریں ہیں اور جیسا کہ متقدمین کی عام روش رہی ہے۔ ان اصنافِ سخن کی تکمیل بھی انہی پر ختم ہوگئی۔ فی زماننا شاعری میں لاکھ کیف زیادہ ہو، کاوش کم ہے، یہی وجہ ہے کہ آج ہماری محفل ادب میں بہت کم سخن سنج ایسے نکلیں گے جو تضمین جیسی دقت پسندیوں کو سپاٹ شعر گوئی پر ترجیح دیں اس لحاظ سے قابل داد ہے اختر انصاری کی پختگیٔ شعور کہ انہوں نے نئی راہوں کے ساتھ ایک پرانی ڈگر کو بھی پکڑا اور اس پر چل کر کم و بیش وہی امتیازی شان پیدا کر لی ہے جو اگلوں کا دستور تھا۔ خمسہ و تضمین کی نمایاں خصوصیت

اس کے مصرعوں کی ہم آہنگی ہے۔ اگر مصرعے معناً ایک دوسرے سے میل کھاتے ہوئے اصل شعر کی رُوح کو بروئے کار نہیں لا سکتے ہیں تو تضمین ایک تضحیک ہو کر رہ جاتی ہے۔ لیکن اگر اصل شعر پر تینوں نئے مصرعے واقعی چسپاں ہو کر رہ جاتے ہیں تو اصل شعر کو چار چاند لگ جاتے ہیں اور تضمین بہمہ وجوہ کامیاب کہلاتی ہے۔ ہمارے یہاں اُردو فارسی کی بے شمار غزلیں ایسی ہیں جو محض سلیقہ سے تخمیس ہو جانے کے باعث لافانی ہو گئیں اور آج تک زبان زدِ خاص و عام ہیں تو اپنے خمسوں کے ساتھ۔ پس صاحب تخمیس و تضمین کے لئے شرطِ اول شعر کے محاسنِ معنوی کا ادراک ہے، اور دوم مشقِ سخن۔ ان اوصاف کے بغیر تضمین کہنے کے لئے نکل کھڑے ہونا اپنے ساتھ دوسروں کو بھی لے ڈوبنا ہے۔

اختر انصاری کی خود اعتمادی ان کی ہُنرمندی پر دال ہے چنانچہ ان کی جراٗت دیکھئے کہ آتش، عجمی سے لے کر یگانہ چنگیزی ڈاکٹر اقبال، جگر مرادآبادی۔ نوح ناروی۔ حسرت اور ندرت میرٹھی جیسے مسلم الثبوت استادوں کی منتخب غزلوں پر مصرعے لگائے ہیں اور حق یہ ہے کہ حق ادا

۱۲

کردیا ہے۔ یہ کہنا تو خیر سراسر غلو ہوگا، جیسا کہ بالعموم ہوتا ہے کہ اختر کی تضمینوں میں کمزور پہلو نہیں، ان کے یہاں بھی بھرتی کے مصرعے کہیں کہیں نظر آکر قاری کو چونکا جاتے ہیں، مثلاً جگرؔ کے شعر پر بند لگایا گیا ہے :۔

بے خودِ آرزو کی ہشیاری
آبروئے فغاں کی ضوباری
عاشقانہ غرور و خودداری
غیرتِ بندگی و ناچاری

کوئی بندہ نواز کیا جانے

اس بند کے تمام جوڑ بند ڈھیلے نہیں تو چست بھی نہیں اور مصرعۂ دوم

ع آبروئے فغاں کی ضوباری

تو اپنے سیاق و سباق کے ساتھ کچھ عجیب سی چیز ہوکر رہ گیا ہے لیکن ایسی مثالیں اختر کے یہاں خال خال ہیں، اور اتنی تو کس کے یہاں نہیں ہوتیں؟ بلاشُبہ ان کی بیشتر تضمینیں نہایت کامیاب اور ان کی مشّاقی کا ناقابلِ تردید ثبوت ہیں۔

حیرت اس امر پر ہوتی ہے کہ زیرِ نظر مجموعہ میں نہ کہیں شگفتگی مجروح نظر آتی ہے اور نہ مذاقِ سلیم تصنع سے گرانبار پایا جاتا ہے۔ ایک توازن جو تسلسل کے باوصف لطفِ سخن کو دوبالا کرنے والا ہے اور ایک خلوص جو اثر انگیزی کی جان ہے، جامِ نو کے ہر خط اور ہر تحریر و نشان سے ٹپکتا ہے خدا کرے اختؔر انصاری کا یہ ذوق روز افزوں ہو اور ان کا ادبی مستقبل درخشندہ تر۔ فرصت اجازت دیتی تو بہت سے آبدار نگینے اور نزشے اختر کی بھرپور تضمینوں سے لے کر ارمغان نظر کیے جاتے۔ بطور خاتمہ کلام حضرت ندرتؔ میرٹھی مدظلہ کی ایک رچی ہوئی غزل پر اختؔر کی تضمین کا صرف ایک کیف آور بند ملاحظہ ہو:-

میری دُنیا کیف آگیں، میری مستی ہے جواں
موجزن ہے میری رگ رگ میں سرورِ جاوداں
تیری آنکھیں ہیں کہ ہیں لبریز جامِ ارغواں
یہ کرامت تیری نظروں کی ہے اے پیرِ مغاں
روز بے پیمانہ دبے جام پی جاتا ہوں میں

فضل احمد صدیقی
مدیر و مینجر ڈان کراچی

مقدمہ

معلوم تھا کہ مقدمے عدالت میں ہوتے ہیں طرفین کے وکیلوں کی بحث سُنی جاتی ہے گواہ ثبوت میں پیش کئے جاتے ہیں، مجوز تجویز لکھتا ہے لیکن اب کچھ دنوں سے کتابوں پر مقدمے لکھے جانے لگے چنانچہ اس وقت مجھ سے بھی ایک میرے دوست فرمائش کر رہے ہیں کہ میری کتاب پر مقدمہ لکھ دو لہٰذا میں بغیر عرضی نالش وجواب دعوٰی وغیرہ کے دیکھے ہوئے مقدمہ کیا فیصلہ ہی لکھے دیتا ہوں۔

اصناف سخن میں تاریخ کے بعد سب سے زیادہ مشکل خمسہ ہے اور خاص اس کی وجہ یہ ہے کہ دو مصرعے اور کے اور تین مصرعے اپنے ہوتے ہیں گویا ان تین مصرعوں میں اُن دونوں مصرعوں کی تشریح ہوتی ہے۔ اس تشریح کے لئے ایسے الفاظ اور الفاظ کے ساتھ ساتھ معانی ومطالب پر نظر رکھی جاتی ہے کہ پانچوں مصرعے ایک دوسرے سے اس طرح سے مل جائیں کہ سلسلہ اور ربط کلام خراب نہ ہونے پائے۔ اکثر چار مصرعے مردّف اور اکثر غیر مردّف ہوتے ہیں مگر غزل میں مطلع

۱۵

کے لئے اگر غزل مردف ہے تو ضروری ہے کہ مطلع کے تین مصرعے بھی مردّف ہوں۔

قدیم زمانہ سے خمسہ لکھنے کا رواج چلا آتا ہے کسی کا کوئی دیوان ایسا نہ ملے گا جس میں دو چار خمسے نہ ملیں لیکن خاص طور سے اس پر توجہ مولوی فضل رب صاحب باغ مرحوم متوطن سنبھل ضلع مراد آباد شاگرد حضرت داغ دہلوی نے فرمائی ان کی کوئی غزل ایسی نہیں جس پہ مصرعے نہ ہوں۔

میں سمجھتا تھا کہ باغ صاحب تو چل بسے ۔ انکے بعد شاید اس طرف کوئی صاحب متوجہ نہ ہوں گے مگر خدا کا شکر ہے کہ جناب اختر انصاری اکبرآبادی نے اِدھر خیال کیا اور بڑی حد تک اپنے خیال میں کامیاب بھی ہوئے ۔مجھ سے ان سے ملاقات تو نہیں ہوئی لیکن میں نے ان کی نظموں کا مجموعہ اور ان کے لکھے ہوئے افسانے دیکھنے کی طرح دیکھے ہیں، اگرچہ افسانوں سے مجھے کوئی خاص دلچسپی نہیں تاہم نظموں کو دیکھتے ہوئے میں اسے تسلیم کرتا ہوں کہ یہ ایک ہونہار شاعر ہیں۔ اور بالخصوص خمسہ لکھنے میں انہیں کمال حاصل ہے ۔ دُنیائے

۱۶

ادب میں یہ کسی مزید تعارف کے حاجت مند نہیں۔ تمام زمانہ ان سے واقف ہے۔ مشاہیر شعراء کی غزلوں پر جو انہوں نے مصرعے لگائے وہ ہر اعتبار سے قابلِ قدر ہیں خدا انہیں خوش رکھے۔ وہ زمانہ میرے خیال میں دُور نہیں جب انہیں مشاہیر شعرا کی صف میں نمایاں طور پر جگہ دی جائے گی۔

نوحؔ ناروی

۱۷

تضمین

بر نظم حضرتِ جوشؔ ملیح آبادی

بیانِ دردِ محبت کی کہانی اب بھی ہوتی ہے
جنوں کی انجمن میں لن ترانی اب بھی ہوتی ہے
خزاں کا دور ہے او رگلفشانی اب بھی ہوتی ہے
زباں ساکت ہے لیکن تر زبانی اب بھی ہوتی ہے
لبِ خاموش سے جادو بیانی اب بھی ہوتی ہے

جنونِ مستیٔ الفت میں اکثر خود بخود پہروں
بیانِ شوق کی حالت میں اکثر خود بخود پہروں
مذاقِ خواہشِ راحت میں اکثر خود بخود پہروں
حدیثِ نفس کی صورت میں اکثر خود بخود پہروں
زمانِ کیف کی افسانہ خوانی اب بھی ہوتی ہے

۱۸

سکونِ عیش کو ہوتی ہے لرزش جب تصور میں
بھڑک اُٹھتے ہیں شعلہ ہائے آتش جب تصور میں
حسیں نغمات کی ہوتی ہے بارش جب تصور میں
لبِ گلرنگ کو ہوتی ہے جنبش جب تصور میں
سماعت کی زمیں پر گلفشانی اب بھی ہوتی ہے

طرب سامانیوں میں ہیں غمِ جانکاہ کے جلوے
غرورِ عشق میں ہوتے ہیں لاکھوں غم بڑے صدمے
لرز جاتے ہیں اکثر میرے دِل کے ساز کے پردے
رسولِ شادمانی ہوں مگر چھڑتے ہیں جب نغمے
نظر سے سوزِ غم کی ترجمانی اب بھی ہوتی ہے

مری عشرت پسندی کو نئی اُفتاد آتی ہے
کہ ہر آفت اِدھر ہی اے دلِ ناشاد آتی ہے
طرب کا بندہ ہوں لب پر مگر فریاد آتی ہے
خدائے خندہ ہوں لیکن جب انکی یاد آتی ہے
مری آنکھوں سے اشکوں کی روانی اب بھی ہوتی ہے

۱۹

میں جنت میں ہوں لیکن عشرتِ جنت نہیں ملتی
تلاشِ امن وراحت میں ہوں اور راحت نہیں ملتی
فریبِ عیش سے مجھ کو کبھی مہلت نہیں ملتی
ترانوں سے مری محفل کو گو فرصت نہیں ملتی
مگر "تنہائیوں میں نوحہ خوانی اب بھی ہوتی ہے

کسی غنچہ دہن معصوم صورت کے تصور میں
کسی کافر ادا خاموش فطرت کے تصوّر میں
کسی رشکِ گلستاں، سروقامت کے تصوّر میں
کسی کے روئے رنگیں کی صباحت کے تصوّر میں
چمن کی چاندنی اکثر سہانی اب بھی ہوتی ہے

نہ بادہ ہے، نہ میکش ہے، نہ ساغر ہے نہ ساقی ہے
نہ وہ عہدِ محبّت ہے، نہ وہ اب طمطراقی ہے
نہ وہ شانِ محبت ہے نہ اختؔر خوش مذاقی ہے
نہ جانے جوشؔ کس ارماں میں ابتک جان باقی ہے
کہ اکثر آرزوئے زندگانی اب بھی ہوتی ہے

۲۰

تضمین

بر غزل ڈاکٹر اقبال علیہ الرحمۃ

وحشت ہے عشق کی تو تمنّا بھی چھوڑ دے
ہے دید کا خیال تو جلوا بھی چھوڑ دے
ہنگامۂ خیال کی دُنیا بھی چھوڑ دے
مجنوں نے شہر چھوڑا تو صحرا بھی چھوڑ دے
نظارے کی ہوس ہو تو لیلیٰ بھی چھوڑ دے

یہ ہے دُعا کہ یوں ہی گذر جائے زندگی
ملتی رہیں منازلِ ہستی نئی نئی!

۲۱

اٹھتا نہیں ہے ہم سے تو احسانِ رہبری
تقلید کی روش سے تو بہتر ہے خودکشی
رستہ بھی ڈھونڈھ خضر کا سودا بھی چھوڑ دے

کرتا ہے کام حُسن کی محفل میں دردِ عشق
کیا ہے نہ ہو جو جذبۂ کامل میں دردِ عشق
خود ہے کلیمِ طُور کی منزل میں دردِ عشق
لطفِ کلام کیا جو نہ ہو دل میں دردِ عشق
بسمل نہیں ہے تو، تو تڑپنا بھی چھوڑ دے

دیوانے جس طرح سے چلے اس چلن سے چل
ملتا نہیں سکون تو اس انجمن سے چل
گرمِ سفر ہو حالِ غم، اور وطن سے چل
شبنم کی طرح پھولوں پہ رو اور چمن سے چل
اس باغ میں قیام کا سودا بھی چھوڑ دے

۲۲

ہے برہمن بھی شیخ بھی، واللہ بے وفا
ہے کُفر بزمِ شوق میں ہر فکرِ ماسوا
ہر قید سے جنونِ محبت تو ہے رہا
ہے عاشقی کی رسم الگ سب سے بیٹھنا
بُت خانہ بھی حرم بھی کلیسا بھی چھوڑ دے

جنّت کے واسطے نہ ضرورت دعا کی ہے
واعظ یہ خوئے عیش دلِ بے حیا کی ہے
اے بوالہوس سنبھل کہ یہ منزل وفا کی ہے
سوداگری نہیں یہ عبادت خدا کی ہے
اے بے خبر جزا کی تمنّا بھی چھوڑ دے

اختر جو آئے واعظِ دیں بزمِ ناز میں!
واعظ جو ہو غلامیِ عشوہ طراز میں
واعظ ہے جو انجمنِ دل نواز میں
واعظ ثبوت لائے جو مے کے جواز میں
اقبال کو یہ ضد ہے کہ پینا بھی چھوڑ دے

اختر انصاری اکبر آبادی
جامِ نو (تضمینی شاعری)

۲۴

تضمین

بر غزل حضرت مولانا حسرتؔ موہانی

نظر کو جنوں آشنا کہتے کہتے
غمِ عاشقی کو بُرا کہتے کہتے
وہ کیوں رُک گئے ناسزا کہتے کہتے
وہ چُپ ہو گئے مجھ سے کیا کہتے کہتے
کہ دل رہ گیا مدّعا کہتے کہتے

تغافل باندازِ جوشِ حیا ہے
عتاب آج کل میرے دل پر سوا ہے
بتا یہ جنوں ہے کہ تیری عطا ہے
مرا عشق بھی خود غرض ہو گیا ہے
ترے حسن کو بے وفا کہتے کہتے

۲۴

نگاہوں سے اب تیری کیا واسطا ہے
ہر اک چاک دامن کو خود سی لیا ہے
مری وحشتوں کی یہی انتہا ہے
مرا عشق بھی خود غرض ہو گیا ہے
ترے حُسن کو بے وفا کہتے کہتے

پریشاں تھے آلامِ تنہائی سے ہم
جب آئیں ہمیں ہچکیاں پھر نہ تھے ہم
سحر کے لئے اک فسانہ بنے ہم
شبِ غم کس آرام سے سو گئے ہم
فسانہ تری یاد کا کہتے کہتے

ہر اک سمت ہے اب خموشی کا عالم
زباں ہو گئی بند صبحِ شبِ غم
ہے محفل کے نغموں میں گُم شورِ ماتم
خبر ان کو اب تک نہیں مر مٹے ہم
دلِ زار کا ماجرا کہتے کہتے

۲۵

نظر آئے کیوں مرا انجام تم کو
میں دیوانہ ہوں مجھ سے کیا کام تم کو
یہ سوچو نہ دے کوئی الزام تم کو
یہ کیا پڑ گئی خوئے دشنام تم کو
مجھے ناسزا بر ملا کہتے کہتے

الگ سب سے چھپ چھپ کے کیوں بیٹھے واعظ
تھی رندوں کی خواہش ادھر آئے واعظ
اٹھا میکدے سے خفا ہو کے واعظ
عجب کیا جو ہے بدگماں سب سے واعظ
بُرا سُنتے سُنتے بُرا کہتے کہتے

سمجھتے تھے اختر کہ ہے ان کو الفت
نہ ملتی تھی لیکن سنورنے سے فرصت
اسی دور میں آ گئی یہ قیامت
وہ آئے مگر آئے کس وقت حسرت
کہ ہم چل بسے مرحبا کہتے کہتے

۲۶

تضمین

بر غزل حضرتِ محوی صدیقی

درد بڑھتا جاتا ہے اور دوا نہیں ہوتی
کیا دوا کرے کوئی، یاں دُعا نہیں ہوتی
عاشقی کی دُنیا کچھ، پُر فضا نہیں ہوتی
زندگی محبت کی، جاں فزا نہیں ہوتی
کامیاب آخر تک یہ وفا نہیں ہوتی

اب لہو کہاں ہے، جو اشک بن کے بہہ جائے
فکرِ حسرت و ارماں جوشِ غم میں کیا کیجے
دل ہی مٹ گیا اپنا درد سے خدا سمجھے
ہائے اس محبت میں چھٹ گئے سبھی ہم سے
اک یادِ جاناں ہے جو جدا نہیں ہوتی

۲۷

اک روز اُٹھا تھا، وہ نقاب اے موسیٰ
آج تک ہوں دنیا میں ہیں خراب اے موسیٰ
ہے عبث محبت کا اضطراب اے موسیٰ
سچ ہے حسرتِ جلوہ، کامیاب اے موسیٰ
ایک بار ہوتی ہے بار ہا نہیں ہوتی

اضطراب کا حاصل جو بھی ہو یقینی ہے
کچھ نہ کچھ مرادرماں، جان تو یقینی ہے
وہ تو ایک دن ہوگا، ہونا جو یقینی ہے
چارہ گر نہ گھبرائیں موت تو یقینی ہے
کلفتِ شبِ ہجراں دیر پا نہیں ہوتی

دل ہی میں بھڑکتی ہے آگ عشق الفت کی
ہے یہی تو ایک منزل کاروانِ وحشت کی
دیکھ لیجیے دھڑکن ہے آج کس قیامت کی
دل پہ ہاتھ رکھ دیجے، یہ کسک محبت کی
بس یہیں کہیں ہوگی جا بجا نہیں ہوتی

۲۸

جو مری نگاہ ہو نہیں بجلیاں نہ چمکائے
جو مری محبت کو درسِ غم نہ دے جائے
جو نہ دل کو تڑپائے، جو نہ حشر اٹھوائے
جو نہ تیر برسائے، جو جگر نہ برمائے
وہ ادا نہیں ہوتی وہ حیا نہیں ہوتی

کیفِ جاودانی کا، راز کھل گیا شاید
غم کی زندگانی کا راز کھل گیا شاید
عشق کی جوانی کا راز کھل گیا شاید
میری بے زبانی کا راز کھل گیا شاید
اب ستم نہیں ہوتے اب جفا نہیں ہوتی

فکرِ زندگانی ہی اصل زندگانی ہے
عیش کامرانی ہے، رنج نامرادی ہے
کیا کسی نے دنیا میں ایک سی گزاری ہے
اس ستم کی بستی میں کونی ایسی ہستی ہے
جو کبھی کسی غم میں مبتلا نہیں ہوتی

۲۹

قلب و رُوحِ اخترؔ پر بجلیاں گراتے ہیں
اُن کو بھی رُلاتے ہیں خود بھی روتے جاتے ہیں
ذکر لب پہ آتے ہی اشکِ غم بہاتے ہیں
داستانِ دلِ محزوں جم جہاں سناتے ہیں

آہ آہ ہوتی ہے واہ واہ نہیں ہوتی

جامِ نو (تضمینی شاعری) اختر انصاری اکبرآبادی

۳۰

تضمین

بر غزل فصاحت جنگ جلیلؒ

بجلیاں ٹوٹیں تو گلہائے گلستاں ہوگئیں
جس قدر چنگاریاں برسیں وہ کلیاں ہوگئیں
"مشکلیں جتنی ہوئیں نازل وہ آساں ہوگئیں"
آخرش بے تابیاں راحت کا ساماں ہوگئیں
اُلجھنیں اتنی بڑھیں زلفِ پریشاں ہوگئیں

عالمِ وحشت کا ہنگامہ کسی سے کیا کہوں
دیکھ سکتا ہی نہیں کوئی مرا حالِ زبوں
دل پہ چل سکتا نہیں کچھ چارہ سازوں کا فسوں
طوق کیا زنجیر کیا جب اُٹھ چلا دستِ جنوں
پھر تو ساری ہستیاں میرا گریباں ہوگئیں

۳۱

جھونکے آتے ہیں بڑے معجزنما سے باغ میں
کھیلتے ہیں حسن کے جلوے صبا سے باغ میں
رونما قدرت ہے کس ناز و ادا سے باغ میں
کیا اثر موسم کا ہے گِر کر گھٹا سے باغ میں
بجلیاں گُل ہو گئیں گُل سے گلستاں ہو گئیں

ہر ادا میں دِلفریبی ہے مگر دھوکا نہیں
تیری فطرت میں حیا ہے ورنہ کچھ پردا نہیں
تیرا اندازِ تغافل کیا کبھی دیکھا نہیں
یہ غلط ہے حسن کو کچھ عشق کی پروا نہیں
آہ کی میں نے تری زلفیں پریشاں ہو گئیں

حُسن والوں سے نہ کر یوں کج ادائی فصلِ گُل
یہ قیامت گلستاں میں کیوں اٹھائی فصلِ گُل
میری وحشت کا گریباں کھینچ لائی فصلِ گُل
میں کوئی گلچیں نہیں لیکن جو آئی فصلِ گُل
پھول سب کِھل کر مرے دامن کی کلیاں ہو گئیں

۳۲

نازکیا ہے نازنیں کیا جب سے آئی ہے بہار
کیف و رنگِ دلنشیں کیا جب سے آئی ہے بہار
نسترن کیا یاسمیں کیا جب سے آئی ہے بہار
پھول کیا کوئی حسیں کیا جب سے آئی ہے بہار
پیاری پیاری صورتیں سب آفتِ جاں ہوگئیں

اس جہانِ رنگ و بُو کا نام دُنیا ہے جلیلؔ
ایک تجدیدِ تمنّا ہر تمنّا ہے جلیلؔ
عالمِ جذباتِ دل اخترؔ نے دیکھا ہے جلیلؔ
حسرتوں کا سلسلہ کب ختم ہوتا ہے جلیلؔ
کھِل گئے جب گُل تو پیدا اور کلیاں ہوگئیں

جامِ نو (تضمینی شاعری) اختر انصاری اکبرآبادی

۲۳

تضمین

بر غزل حضرت آتش علیہ الرحمۃ

نہیں ہوتی صفا ایسی ہر آئینے کے جوہر میں
یہ قسمت کی نہ جم کی ہے نہ تقدیرِ سکندر میں
یہ رنگت کیا حسیں غنچے میں دیکھوں کیا گلِ تر میں
یہ کیفیت اسے ملتی ہے ہو جس کے مقدر میں
مئے اُلفت نہ خم میں ہے نہ شیشے میں نہ ساغر میں

سکونِ عیش ہی ہے اصل میں اک کیف اندوزی
اسی آغاز میں پوشیدہ ہے انجام آموزی
جو نکلا سنگ کے دل سے تو کیا لطفِ جگر سوزی

۳۴

نکل کر کنجِ عزلت سے نہ کر ہنگامہ افروزی
شرر یاقوت کا ہمسنگ ہے جبتک ہے پتھر میں
گلوں میں چہچہالے بات کرلے چار دِن بُلبل
نفی کو روکشِ اثبات کرلے چار دن بُلبل
نظر کو واقفِ حالات کرلے چار دن بُلبل
جہاں چاہے بسر اوقات کرلے چار دن بُلبل
چمن میں آشیانہ ہے قفس صیّاد کے گھر میں
نہ پیتا بادۂ کوثر نہ جامِ انگبیں پیتا
نہ جبتک ساتھ میرے کوئی رشکِ یاسمیں پیتا
یہ غم رہتا ہے مَیں پیتا اگر کوئی حسیں پیتا
نہ جب تک ہم پیالہ ہو کوئی میں مے نہیں پیتا
نہیں مہماں تو فاقہ ہے خلیل اللہ کے گھر میں
غلط انجام ہے ترے دروازے تک پہنچے
بظاہر عام سودا ہے ترے دروازے تک پہنچے
نہایت خام سودا ہے ترے دروازے تک پہنچے

۳۵

خیالِ بامِ سودا ہے ترے دروازے تک پہنچے
پرِ جبریل پیدا ہوں جو بازوئے کبوتر میں
وہ خود کو دیکھتے ہیں آئینے میں کس محبت سے
لطافت دور ہو سکتی نہیں ہرگز لطافت سے
قیامت بشیر ٹکرائی ہے شانِ قیامت سے
یہ راہ و رسمِ خود بینی حسینوں میں ہے مدت سے
کھلے تھے جوہر اس آئینے کے عہدِ سکندر میں
کہیں نرگس، کہیں سوسن، کہیں جوہی کہیں نسریں
ہزاروں صورتیں ہونگی کہیں سادہ کہیں رنگیں
طلائی جدولیں ہونگی کہیں محراب و در سیمیں
خیال آتا ہے جنت کا تو آنکھوں میں ہیں پھر جاتیں
وہ شہد و شیر کی نہریں زمینِ مشک و عنبر میں
غمِ افزائشِ الفت بھی آنکھوں کو نظر آئے
جمالِ محفلِ قسمت بھی آنکھوں کو نظر آئے
عدم آباد کی حالت بھی آنکھوں کو نظر آئے

۳۶

مآلِ کار کی صورت بھی آنکھوں کو نظر آئے
لگا دینا تھا اک آئینہ بھی قبرِ سکندر میں
کیا برباد مجھکو زندگی میں بے قراری نے
اجل کو کر دیا رنگیں لیکن سوگواری نے
بڑھایا منصبِ اختر تمہاری اشکباری نے
قناعت دی ہے مثلِ قبر مجھ کو خاکساری نے

رہوں گا باغ باغ آتش میں اک پھولوں کی چادر میں

★

۳۷

تضمین

بر غزل علّامہ ندرتؔ میرٹھی

سُن کے تجھ سے محتسب دشنام پی جاتا ہوں میں
ہنس کے سہہ لیتا ہوں ہر الزام پی جاتا ہوں میں
بن کے اک رندِ بلا آشام پی جاتا ہوں میں
بھر کے جب دیتا ہے ساقی جام پی جاتا ہوں میں
بخشنے والے کا لے کر نام پی جاتا ہوں میں
ہوش کی دُنیا میں ہوں بدنام پی جاتا ہوں میں
دیکھتی ہے گردشِ ایام پی جاتا ہوں میں

۳۸

صُبح پی جاتا ہوں اختؔر شام پی جاتا ہوں میں
بھر کے جب دیتا ہے ساقی جام پی جاتا ہوں میں
بخشنے والے کا لے کر نام پی جاتا ہوں میں

جانتا ہوں لوٹ کر آتا نہیں دورِ شباب
مے پرستی بن گئی ہے آج کل کارِ ثواب
میرے ساغر میں نہیں بچتی ذرا سی بھی شراب
پاکبازِ میکدہ ہوں پاک ہے میرا حساب
جتنی ملتی ہے مئے گلفام پی جاتا ہوں میں

مے نہ ہو تو میکدہ معلوم ہو بے کیف دشت
پیش کر دیتا ہے ساقی بھر کے انگوروں سے طشت
بات ہو جاتی ہے بدمستوں کی یوں رفت و گزشت
یہ سُنا ہے جب سے شب کو محتسب کرتا ہے گشت
آکے میخانہ میں قبل از شام پی جاتا ہوں میں

میری دُنیا کیف آگیں میری مستی ہے جواں
موجزن ہے میری رگ رگ میں سرورِ جاوداں

۳۹

تیری آنکھیں ہیں کہ ہیں لبریز جامِ ارغواں
یہ کرامت تیری نظروں کی ہے اے پیرِ مغاں
روز پے پیمانہ و بے جام پی جاتا ہوں میں
دِل اذیت کوش جب ہوگا تو دیکھا جائے گا
رنج و غم کا جوش جب ہوگا تو دیکھا جائے گا
پیرِ مغ خاموش جب ہوگا تو دیکھا جائے گا
سوچنے کا ہوش جب ہوگا تو دیکھا جائے گا
اب تو بے سوچے ہوئے انجام پی جاتا ہوں میں
صاحبانِ ہوش کا کرتا ہوں میں دل سے ادب
میرا شغلِ مے ہے آلام و مصائب کے سبب
بادہ نوشی سے غرض اخترؔ نہیں کیف و طرب
کچھ بجھی رہتی ہے مدہوشی میں اے ندرتؔ طلب
ہوش کرنے لگتے ہیں جب کام پی جاتا ہوں میں

۴۰

تضمین

بر غزل حفیظؔ جالندھری

دردِ کامیاب کا میں علاج کیا کروں
مل رہا ہے عشق سے یہ خراج کیا کروں
کیف و اضطراب کا امتزاج کیا کروں
کل ضرور آؤ گے لیکن آج کیا کروں
بڑھ رہا ہے قلب کا اختلاج کیا کروں

وہ اگر طلب کرے دل عزیز کس کو ہو
دل بھی دے چکو اگر جان کو فدا کرو
آ گیا ہے عشق میں یہ بھی وقت گو مگو
کیا کروں کوئی نہیں احتیاج دوست کو

۴۱

اور مجھ کو دوست کی احتیاج کیا کروں

مجھ کو آشنا کیا درد سے نصیب نے
اضطراب سہہ لیا سب دلِ غریب نے
ان کا غم فزوں کیا حالتِ عجیب نے
اب وہ فکر مند ہیں کہہ دیا طبیب نے
عشق ہے جنوں نہیں میں علاج کیا کروں

کِس ادائے خاص سے بولنے لگے ہو تم
یہ بتاؤ عشق کا راز جانتے ہو تم
آج زعمِ حسن میں حد سے بڑھ گئے ہو تم
غیرتِ رقیب کا شکوہ کر رہے ہو تم
اس معاملے میں سخت ہے مزاج کیا کروں

غم نہ ہو تو آدمی ہوش آشنا بھی ہو
ہو جو درد میں کمی درد کی دوا بھی ہو
بے ہنر ہوں ورنہ کچھ دل کا آسرا بھی ہو
ماسوائے عاشقی اور کچھ کیا بھی ہو

۴۲

سوجھتا ہی کچھ نہیں کام کاج کیا کروں
کیا بتاؤں ہمنشیں اب کہاں مکیں ہوں میں
عافیت جہاں ملے جان لے وہیں ہوں میں
خودسری سے دُور ہوں حلم سے قریں ہوں میں
محوِ کارِ دیں ہوں میں، بوریا نشیں ہوں میں
راہزن نہیں ہوں تخت و تاج کیا کروں
اہلِ زر کی داستاں آہ کیا سُنوں حفیظ
واقعاتِ قیس کے تم سے کیا کہوں حفیظ
غم کے مرحلے میں ہے اخترِ زبوں حفیظ
زور اور زر بغیر عشق کیا کروں حفیظ
چل گیا ہے مُلک میں یہ رواج کیا کروں

جامِ نو (تضمینی شاعری) اختر انصاری اکبرآبادی

۴۳

تضمین

برغزل حضرت قمرؔ جلالوی

بہاروں نے گلشن کے پہلو سنبھالے
بنے گُل مئے ارغوانی کے پیالے
مگر آسماں نے یہ کیا جال ڈالے
چمن والے بجلی سے بولے نہ چالے
غریبوں کے گھر بے خطا پھونک ڈالے

کرشمے ہیں سب سوزِ غم کے نرالے
کہ لب خشک ہیں اور زباں پر ہیں چھالے

۴۴

مرے دل کے، فریاد نے بل نکالے
یہ کہہ کر دیئے میری قسمت نے نالے
تمہاری امانت تمہارے حوالے

اُدھر ہے تبسّم اِدھر لب پہ آہیں
کوئی ڈال دے اب گلے میں نہ باہیں
غضب ہیں یہ عشق و محبّت کی راہیں
قیامت ہیں ظالم کی نیچی نگاہیں
خدا جانے کیا ہو جو نظریں اُٹھالے

جو نازل ہوں دلکش بلائیں یکایک
قدم کیوں نہ پھر ڈگمگائیں یکایک
غم و رنج کیا بھول جائیں یکایک
کرے کوئی کیا جو وہ آئیں یکایک
نگاہوں کو روکے کہ دل کو سنبھالے

۴۵

بڑے تم ہو خندہ جبیں جانتے ہیں
ہے خنجر تہِ آستیں جانتے ہیں
یہ اہلِ جنوں کیا نہیں جانتے ہیں
تمہیں بندہ پرور ہمیں جانتے ہیں
بڑے سیدھے سادھے بڑے بھولے بھالے

جگایا جوانی نے جادو غضب کا
پرستار ہوں میں اب میں بنتِ عنب کا
میں حاکم ہوں اخترؔ نشاط و طرب کا
قمر میں ہوں مختارِ تنظیمِ شب کا
میرے بس میں ہیں یہ اندھیرے اُجالے

(۴۶)

تضمین

بر غزل حضرت جگرؔ مرادآبادی

ذوقِ غم ساز باز کیا جانے
درد تشہیر و راز کیا جانے
دل حقیقت، مجاز کیا جانے
عاشقی امتیاز کیا جانے
فرقِ ناز و نیاز کیا جانے

بےخودِ آرزو کی ہشیاری
آبروئے فغاں کی ضَو باری
عاشقانہ غرور و خودداری
غیرتِ بندگیٔ و ناچاری

۴۷

کوئی بندہ نواز کیا جانے
عشق سے ہوگئی عجب تحریک
سِتم وظلم کی ہے اب تحریک
ہوتی کیا غم کی بے سبب تحریک
نگہِ شوق کی ہے سب تحریک
حسن تمہیدِ ناز کیا جانے

نالہ کرتی ہے آہ کرتی ہے
زندگی سسکیاں سی بھرتی ہے
عاشقی اپنی لے پہ مرتی ہے
سینۂ نے پہ جو گذرتی ہے
وہ لبِ نے نواز کیا جانے

ہے یہ عالم نہیں ہے اپنی خبر
کون جانے فریبِ شام وسحر
لاکھ فتنے جگائیں برق وشرر
کثرتِ جلوہ و ہجومِ نظر

۴۸

عشق وحدت طراز کیا جانے

اُف یہ عشوہ طرازیاں توبہ!
برق کی شعلہ سازیاں توبہ!
ناز کی بے نیازیاں توبہ!
حُسن کی دل گدازیاں توبہ!
عشق یہ سوز و ساز کیا جانے

ایک مجنونِ شوق خاک بسر
جارہا تھا بغیرِ خوف و خطر
دیکھتا رہ گیا اسے اخترؔ
رہ روِ راہ بے خودی ہے جگرؔ
وہ نشیب و فراز کیا جانے

—

تضمین

بر غزل حضرت احسان دانش

عشق میں کون سا غنچہ دلِ حیراں نہ ہوا
کون سا گل ہے جو تصویرِ گریباں نہ ہوا
کوئی ذرّہ نہیں جو مہرِ درخشاں نہ ہوا
عشق کب اپنے مقاصد کا نگہباں نہ ہوا
کون سا غم ہے جو آخر غمِ جاناں نہ ہوا

تو ہے مغرور کہ مجھ سا نہیں دُنیا میں حسیں
میں ہوں عاجز کہ ترے در پہ جھکاتا ہوں جبیں

۵۰

حُسن پر ناز تجھے میں ہوں محبت کے قریں
تیری نفرت ہے کہ پوشیدہ جفا میں بھی نہیں
میرا غم ہے کہ ہنسی میں بھی نمایاں نہ ہوا

کوئی وحشی، کوئی بے خود، کوئی زندانی ہے
آہ و فریاد کی دُنیا میں فراوانی ہے
صرفِ آلام بہت فطرتِ انسانی ہے
ذرّے ذرّے پہ یہ اعلان پریشانی ہے
مطمئن خاک وہ ہوگا جو پریشاں نہ ہوا

کیا بیاں کیجئے محبوب کی اب ذات و صفات
ہے سماج اس کے لئے ایک قیامت ہیہات
اس سے بے خوف کبھی ہو نہ سکی کوئی بات
جس کے دامن سے ہے وابستہ مرا ذوقِ حیات
وہ بھی کافر مرے معیار کا انساں نہ ہوا

۵۱

طاعتوں میں بھی رہا ہے مری کچھ رنگِ نمود
میں نے کچھ بندگیِ عشق کے توڑے ہیں قیود
سوچتا ہوں کہ عبث ہے مرا دُنیا میں وجُود
میں رہا گرچہ ہر احساس پہ مصروف سجود
کوئی سجدہ بھی تری شان کے شایاں نہ ہوا

میرے اشعار میں مدحت کا نہیں ہے مفہوم
آپ کو بھی ہے یہ اے حضرتِ اختؔر معلوم
اب تک اندازِ سخن ہے مرا کتنا معصوم
میری تخلیقِ ادب میں ہے قصیدہ معدوم
مجھ سے احسانِ کسی وقت یہ عصیاں نہ ہوا

۵۲

تضمین

بر غزل حضرت یگانہ چنگیزی

ہیں نالے مرے کیا اثر کرنے والے
غمِ زیست کو مختصر کرنے والے
ہر اک شامِ غم کے سحر کرنے والے
سلامت رہیں دِل میں گھر کرنے والے
اس اُجڑے مکاں میں بسر کرنے والے

لیا دام میں حیف دے کر دلاسے
ستم پر ستم یہ کہ پَر نوچ ڈالے
دئے جائیں گے کب تک آخر یہ چرکے
گلے پر چھری کیوں نہیں پھیر دیتے
اسیروں کو بے بال و پَر کرنے والے

۵۳

وہ ڈوبے ہوئے نکلے اُلفت میں آخر
لگے چار چاند ان کی عزّت میں آخر
رہے سرخرو وہ قیامت میں آخر
چھپے دامنِ ابرِ رحمت میں آخر
سیہ کاریوں میں بسر کرنے والے

حسد کے سبب کور ہیں جن کی آنکھیں
سرِ بزم آ کر وہ نظریں ملائیں
ذرا اپنا حال اپنے دِل سے تو پوچھیں
گریباں میں منہ ڈال کر خود تو دیکھیں
بُرائی پہ میری نظر کرنے والے

سیہ کاریوں پر تھے اوروں کے طعنے
زمانے کی بدمستیوں کے تھے چرچے
کیا غور تو خود ہی مدہوش نکلے

۵۴

اس آئینہ خانہ میں سر کیا اُٹھاتے
حقیقت پہ اپنی نظر کرنے والے

کبھی شیخ کعبہ نگاہیں ملائے
کبھی برہمن بُتکدے سے پکارے
ذرا رہنمائی کریں تیرے جلوے
کھڑے ہیں دوراہے پہ دَیر و حرم کے
تری جستجو میں سفر کرنے والے

تجلّی تھی وہ بھی بہت کیف آگیں
مقدر میں لیکن شعاعیں نہیں تھیں
چمکتے رہے آنکھ میں اشکِ خونیں
سرِ شام گُل ہوگئی شمع بالیں
سلامت ہیں ابتک سحر کرنے والے

۵۵

ہے خاموش بے انتہا کنجِ مرقد
سکوں بخش دل ہو گیا کنجِ مرقد
بہر حال ہے خوش نما کنجِ مرقد
کجا صحنِ عالم، کجا کنجِ مرقد
بسر کر رہے ہیں بسر کرنے والے

ہم اخترؔ کہاں مائلِ رنگ و بُو ہیں
سرِ بزم شرمندۂ آرزو ہیں
کہاں محوِ اندازۂ گفتگو ہیں
یگانہؔ وہی فاتحِ لکھنؤ ہیں
دلِ سنگ و آہن میں گھر کرنیوالے

جامِ نو (تضمینی شاعری) اختر انصاری اکبرآبادی

۵۶

تضمین

بر غزل حضرتِ نواب غازیؔ

کس ماہِ درخشاں کا جلوہ سرِ شام آیا
کس برقِ فروزاں کا نامہ مرے نام آیا
کس شعلۂ لرزاں کا دلدوز سلام آیا
کس شمعِ شبستاں کا جاں سوز پیام آیا
پروانہ بکفِ قاصد پروانہ خرام آیا
کیا شغل کوئی کرتا برہم وہ نگاہیں تھیں
افسانۂ ہستی میں مدغم وہ نگاہیں تھیں
بے کیفیٔ و مستی کی محرم وہ نگاہیں تھیں
کیا ردِّ و قدح ہمدم کچھ کم وہ نگاہیں تھیں
گردش تھی مقدّر کی گردش میں نہ جام آیا

۵۷

تھی برق کے جلووں کی کب ختم جہاں تابی
ہوتی نہ تھی شعلوں کی جب ختم جہاں تابی
ہر شمع فروزاں کی اب ختم جہاں تابی
مہر و مہ و اختر کی سب ختم جہاں تابی
جس لمحہ سرِ منظر وہ ماہِ تمام آیا

پہلے تو یہ کہتے تھے کیوں اسکے یہاں جائیں
کیوں حسن کے غمزوں سے الفت کی سزا پائیں
لیکن دلِ وحشی کو کس طرح سے بہلائیں
قدغن تو نہیں آخر ہم آپ نہ ہو آئیں
تسلیم کہ اُس گھر سے اک دن نہ سلام آیا

صحرائے محبت کا جاں سوز ہے ہر منظر
ہر گام قیامت ہے ہر مرحلہ اک محشر
اک ظلم سکونِ غم، اک قہر دلِ مضطر
رُک گئے تو قضا سر پر چلیے تو بلا در پر
اللہ محبت میں کیا سخت مقام آیا

۵۸

اک ہم کہ رہے ہر دم مے نوشی پہ آمادہ
اک وہ کہ ہوا ظالم فردوس کا دلدادہ
اے تشنۂ کوثر ہیں یک موجِ خم بادہ
تف تف بدل سادہ با زمزم و سجّادہ
ملّا ز درِ کعبہ بے نیل و مرام آیا

ہاں مقصدِ اختر کے حامی کی پھر آمد ہے
تنظیم و شجاعت کے والی کی پھر آمد ہے
اک مردِ مجاہد کی، ہادی کی پھر آمد ہے
بُت خانے سے مسجد میں غازی کی پھر آمد ہے
مُژدہ بہ مسلماناں گم گشتہ امام آیا

۵۹

تضمین

بر غزل حضرت ندرتؔ میرٹھی

مجھے تقدیر لائی تھی فریبِ مدعا دے کر
مگر حیرت عطا فرمائی دردِ لادوا دے کر
محبت مطمئن آخر ہوئی تم کو دُعا دے کر
بڑھا دی دل کی قیمت جوہرِ حسنِ وفا دے کر
اس آئینہ کو تم نے خوب چمکایا جلا دے کر
نظر دے کر، جگر دے کر جنوں دیکر وفا دے کر
کرم بے انتہا کر کے الم بے انتہا دے کر
مزاجِ برق دے کر اور غمِ صبر آزما دے کر
یہ قلبِ مضطرب دے کر یہ جانِ مبتلا دے کر

۶۰

مجھے دنیا میں بھیجا بھیجنے والے نے کیا دے کر

مذاقِ خود نمائی اس طرح جلوے دکھاتا ہے
مہِ وحدت فضائے عشق میں یوں جگمگاتا ہے
طلسمِ کثرتِ صورت نمایوں گُل کھلاتا ہے
فریبِ ماسوا کا بُتکدہ یوں ٹوٹ جاتا ہے
دکھا دو تم مجھے چشمِ حقیقت آشنا دے کر

مری پونجی ہے اندازِ الم یا جوششِ وحشت
مرا سرمایہ دردِ لا دوا ہے یا غمِ اُلفت
متاعِ عشق لے کر اب نہیں باقی کوئی حاجت
مجھے تو بخش دی ہے آپ نے کونین کی دولت
حیاتِ بے غرض دے کر دلِ بے مدعا دے کر

تھکے ماندے مسافر دامنِ تربت میں جا سوئے
وہ دنیا سے اُٹھے ظالم تری محفل سے جو اُٹھے
ترے کوچے کی جانب اب نہیں آئیں گے دیوانے
جنہیں تھی تجھ سے امیدِ وفا وہ جان کھو بیٹھے

٦١

ترے قربان تیرے ہاتھ کیا آیا دغا دے کر
ہم ان کے گھر پہنچ جائیں کسی صورت یہ سوچا تھا
لگا تھا پاسباں کے خوف سے دل میں بڑا کھٹکا
بدل کر بھیس پہنچے، پھر ادھر دیکھا اُدھر دیکھا
صدا دی ان کے در پر جب نہ آیا کچھ جواب اس کا
گدا تھے ہم تو، کیا کرتے، چلے آئے دُعا دے کر
نہ اختر کی، نہ مانی غیر کی کمبخت ندرت نے
نہ شر کا غم، نہ فکرِ خیر کی کمبخت ندرت نے
جہانِ کفر کی بھی سیر کی کمبخت ندرت نے
نہ چھوڑی سجدہ ریزی دَیر کی کمبخت ندرت نے
اسے ہر چند سمجھایا خدا کا واسطہ دے کر

۶۲

تضمین

بر غزل حضرت نوحؔ ناروی

تیری فطرت میں ستم ہے تری فطرت کی قسم
میری عادت میں مروّت ہے مروّت کی قسم
یوں ہوں محرومِ کرم جوشِ محبت کی قسم
بد نصیبی ہی رہی گردشِ قسمت کی قسم
میری حسرت کوئی نکلی نہیں حسرت کی قسم

میرے پہلو میں غم و درد سوا ہوتا ہے
ہاں یہی شیوۂ اربابِ وفا ہوتا ہے

۶۳

تو مگر کیوں مری الفت سے خفا ہوتا ہے
کثرتِ ظلم و ستم سے تری کیا ہوتا ہے
ترکِ اُلفت نہ کروں گا کبھی اُلفت کی قسم

ستم و ظلم و جفا سے انہیں کچھ خوف نہیں
اپنے انداز و ادا سے انہیں کچھ خوف نہیں
ایسے بُت ہیں کہ خدا سے انہیں کچھ خوف نہیں
پرسشِ روزِ جزا سے انہیں کچھ خوف نہیں
وہ تو خود ایک قیامت ہیں قیامت کی قسم

روٹھنے کا نہیں یہ وقت منانے کا نہیں
ڈھانے کا نہیں ظلم اٹھانے کا نہیں
کچھ خیال اب مجھے بے مہر زمانے کا نہیں
میں تری بزم سے اُٹھ کر کہیں جانے کا نہیں
اسی جنت میں رہوں گا اسی جنت کی قسم

۶۴

مجھ کو رہنے دو یہیں بہرِ خدا رہنے دو
میں تمہارے لیے کرتا ہوں دُعا رہنے دو
اس قدر مجھ سے نہ ہو جاؤ خفا رہنے دو
صورتِ نقشِ قدم مجھ کو پڑا رہنے دو
میں اب اُٹھنے کا نہیں ضعف و نقاہت کی قسم

مجھ سے کیا ہوگا وہاں رنج و الم کا شکوہ
عشق میں کفر ہے افزائشِ غم کا شکوہ
کون کرتا ہے بھلا شانِ کرم کا شکوہ
میں کروں حشر میں بیداد و ستم کا شکوہ
یہ نہ ہوگا کبھی توقیرِ محبت کی قسم

کبھی اندازِ تکلف کبھی اندازِ شباب
کبھی پُرشور سے تیور کبھی نظریں بے تاب
اس تلوّن کی ادا سے مری ہستی ہے خراب

٦٥

کبھی مائل بہ تغافل کبھی سرگرمِ عتاب
مار ڈالا تری شوخی نے شرارت کی قسم

ہو عبث بزم میں اختؔر کا جنوں کیا معنی
آپ پر چل نہ سکے کوئی فسوں کیا معنی
آپ کا حکم ہو اور کچھ نہ کہوں کیا معنی
ہو کوئی بحرِ غزل، کہہ نہ سکوں کیا معنی
حضرتِ نوحؑ کے طوفانِ طبیعت کی قسم

تضمین

بر مسلسل نظم حضرت جوشؔ ملیح آبادی

دلِ مضطرب کی کہانی تو دیکھو
کوئی حُسن کی شادمانی تو دیکھو
مری شمع کی تر زبانی تو دیکھو
ذرا اس کی جادو بیانی تو دیکھو
نئے طور کی لن ترانی تو دیکھو

جنوں ساز پردوں کی پرچھائیوں میں
پریشاں نگاہوں کی پرچھائیوں میں

۶۷

جوانی کے جلووں کی پرچھائیوں میں
پراگندہ زلفوں کی پرچھائیوں میں
سِن وسال کی ضوفشانی تو دیکھو

سنبھلتی ہوئی دل کی بیتابیوں میں
بھڑکتی ہوئی غم کی بے باکیوں میں
تھرکتی ہوئی جلوہ سامانیوں میں
مچلتی ہوئی نرم گفتاریوں میں
تڑپتی ندی کی روانی تو دیکھو

ترنّم کی تہ میں ندی آنسوؤں کی
تفہم کے باعث تباہی دلوں کی
تبسّم کی زد میں چمک بجلیوں کی
تکلّم کی رَو میں کھچے ابروؤں کی
بہ ایں دلبری، قہرمانی تو دیکھو

۶۸

جھجکتے ہوئے ہر بیانِ کرم سے
بہکتے ہوئے نغمہ ہائے صنم سے
مہکتے ہوئے غنچہ ہائے اِرم سے
چٹکتے سے الفاظ کے زیر و بم سے
اُبلتے ہوئے سے معانی تو دیکھو

گلستاں میں ہر سمت ہے عکسِ کاکُل
ضیا بار گلزار، خونی رگِ گُل
تڑپتی سی قمری بِلکتی سی سنبل
لچکتی سی ڈالی، چہکتی سی بُلبل
ہجومِ خروشِ جوانی تو دیکھو

درخشاں ادائیں، منوّر نگاہیں
ذرا اہلِ دل ان کی جانب تو دیکھیں
فضاؤں میں ہیں مرتعش داستانیں

٦٩

ہر اک حرفِ ساغر بکف کے جلو میں
سرورِ مئے ارغوانی تو دیکھو

چمکتی سی بجلی، بہکتے سے جلوے
تھرکتے سے نغمے، بھڑکتے سے شعلے
مچلتی سی موجیں، اُبلتے سے چشمے
برستے سے فقرے، کھٹکتے سے جملے
جوانی کی شیریں زبانی تو دیکھو

سمجھ لیں تو محفل میں پردے گرا دیں
مرے قصرِ ہستی کی بنیاد ڈھا دیں
خبر ہو تو اختر قیامت اُٹھا دیں
وہ سُن لیں تو اے جوش آفت مچا دیں
مری جرأتِ شعر خوانی تو دیکھو

۷۰

تضمین

بر غزل حضرت عجمیؒ

شوقِ خود بینی نہ ہو ذوقِ خود آرائی نہ ہو
اور اگر یہ ہو تو پھر پندارِ رعنائی نہ ہو
عام ہو جلوہ مگر اتنا بھی ہرجائی نہ ہو
آئینہ میں روئے زیبا محوِ زیبائی نہ ہو
خود شناسی ہو تو دشمن سے شناسائی نہ ہو
یہ تلون کی ادا اور ایسی انگڑائی نہ ہو
اک ذرا سی بات پر یہ خلق سودائی نہ ہو
یوں تقاضائے محبت کی پذیرائی نہ ہو

۷۱

حُسن کے پردے کی رکھ لاج اور تماشائی نہ ہو
آنکھ کے پردے سے باہر ہو کے ہرجائی نہ ہو
سادگی سے آئینہ دار مہ و پروین نہ بن
اے ستم پرور کبھی لیلیٰ کبھی شیریں نہ بن
بن مگر اتنا بھی اب اے جلوۂ رنگیں نہ بن
آئینہ میں بن سنور کر دیکھ تو خود بیں نہ بن
ہو خدا تیرا خود آرا گر خود آرائی نہ ہو
یہ ہوا منظر تو سر پھوڑیں گے کس سے بُت پرست
تم نے رکھا سر تو سر پھوڑیں گے کس سے بُت پرست
جب نہ ہوگا در تو سر پھوڑینگے کس سے بُت پرست
گھس گیا پتھر تو سر پھوڑینگے کس سے بُت پرست
دیکھنا اس بُت کی چوکھٹ پر جبیں سائی نہ ہو
کس قیامت کی ہے پیدا دلکشی زیرِ نقاب
شمع ہے فانوس میں اور روشنی زیرِ نقاب
کوندتی ہے بزم میں اک برق سی زیرِ نقاب

۷۲

کھاتی ہیں چغلی شعاعیں حسن کی زیرِ نقاب
پھر بھی کیا منہ لے کے کہتے ہیں کہ رسوائی نہ ہو

گرچہ وہ رسوا نہیں اہلِ وفا کی دید سے
پھر بھی فرماتے ہیں آخر کیا نتیجا دید سے
کس قدر نا آشنا ہوں آشنا کی دید سے
بند چشمِ دل ہے میری ما سوا کی دید سے
ہے تماشا پھر بھی کہتے ہیں تماشائی نہو

ہوتے ہیں نغمات پیدا سب ربابِ غوث سے
ہے ہر اک جلوے میں رنگینی شبابِ غوث سے
نکلی ہیں اختؔر شعاعیں آفتابِ غوث سے
مشکلیں سب ہوں گی حل عجمی جنابِ غوث سے
جسکو دل میں تونے سمجھا کوہ وہ رائی نہ ہو

۷۳

تضمین

بر غزل حضرت صبا اکبرآبادی

پھر وہ کافر مرا مہماں ہے خدا خیر کرے
ہوش پھر مجھ سے گریزاں ہے خدا خیر کرے
حُسن پھر آئینہ ساماں ہے خدا خیر کرے
جلوہ ہے' دیدۂ گریاں ہے خدا خیر کرے
چاندنی رات کا طوفاں ہے خدا خیر کرے
شام سے دل مرا گریاں ہے خدا خیر کرے
آج کیوں درد فراواں ہے خدا خیر کرے
ابتدائے شبِ ہجراں ہے خدا خیر کرے
آج پھر حشر کا ساماں ہے خدا خیر کرے
گیسوئے یار پریشاں ہے خدا خیر کرے

۷۴

اک قیامت سی اُٹھائی ہے کسی کافر نے
دل کی تسکین مٹائی ہے کسی کافر نے
راز کی بات بتائی ہے کسی کافر نے
آنکھ سے آنکھ ملائی ہے کسی کافر نے
دِل سے دِل دست وگریباں ہے خدا کرے

دل ہے پہلو میں پریشان تو بیتاب ہیں ہم
ہر ادا حُسن کی ہے باعثِ افزائشِ غم
پھر دکھانا ہے کوئی عشق کو اعجاز ستم
پھر کوئی فتنۂ مغرور بہ اندازِ کرم
عازمِ کلبۂ احزاں ہے خدا خیر کرے

طُور پر حضرتِ موسیٰؑ کو نہ تھی دید کی تاب
یہی اندیشہ ہے مجھ کو نہ ہو نظارہ خراب
ناتوانی ہے اِدھر اور اُدھر زور شباب
وہ اٹھا دیں نہ کہیں جلوۂ برہم سے نقاب
نگہِ شوق پریشاں ہے خدا خیر کرے

۷۵

کیا سکوں بخش ستمگر کی جفا بھی نہ ہوئی
خانہ بربادی ابھی تک مرے دِل کی نہ ہوئی
کیا مکمل ابھی الفت کی خرابی نہ ہوئی
کیا ابھی میرے ستانے سے تسلّی نہ ہوئی
وہ ستم کرکے پشیماں ہے خدا خیر کرے

اختر اِس نے تو بہت عشق پہ ڈھلائے ہیں ستم
لیکن آنکھوں سے نمایاں نہ ہوا درد والم
کس طرحِ بھول سکیں ضبط کی تاکید کو ہم
اے صبا کوششِ اخفائے محبت کی قسم
آگ رگ رگ میں فروزاں ہے خدا خیر کرے

تضمین

بر غزل محترمہ نواب دلہن خجستہ بیگم خجستہ

فضاؤں میں غم کی نہ تم آؤ تو جانیں
جہنّم کو جنّت بناؤ تو جانیں
تجلّی کے دریا بہاؤ تو جانیں
یہ ظلمت کدہ جگمگاؤ تو جانیں

ذرا دِل میں شمعیں جلاؤ تو جانیں

نگاہوں سے جادو جگائے ہیں تم نے
کہ دل والوں کے ہوش اُڑائے ہیں تم نے

جامِ نو (تضمینی شاعری) اختر انصاری اکبرآبادی

۷۷

نقوشِ جبیں تو مٹائے ہیں تم نے
بہت سے فتنے در سے اٹھائے ہیں تم نے
یہ سرِ سنگِ در سے اُٹھاؤ تو جانیں

خرد کا جنازہ اُٹھا کر چلے ہو
غمِ ماسوا سے بچا کر چلے ہو
بجا سب کہ شوخی دکھا کر چلے ہو
دلِ ناتواں کو مٹا کر چلے ہو
محبت کو دِل سے مٹائیں تو جانیں

مرے دل کو کس درجہ رنج والم ہے
تغافل نہیں کم تمہارا ستم ہے
تمہیں آخریں دم نہ دیکھا یہ غم ہے
مسیحا خبر لو کہ آنکھوں میں دم ہے
کوئی معجزہ اب دکھاؤ تو جانیں

۷۸

بڑے مہرباں ہو بڑے بے وفا ہو
تمہیں کچھ ہمیں جانتے ہیں کہ کیا ہو
مگر دِل نہ غرقابِ بحرِ فنا ہو
خدا رکھے تم کو بڑے ناخدا ہو
سفینہ کنارے لگاؤ تو جانیں

ہوں حُسن و محبت کے ہم رنگ جلوے
اٹھا دو نگاہوں سے پردے دوئی کے
دعا کر رہا ہے یہ اختر بھی دِل سے
خجستہ جو رنگ ان کو مرغوب آئے
اسی رنگ میں رنگ جاؤ تو جانیں

۷۹

تضمین

بر غزل حضرت ابو ظفر صہباؔ

اگر چشمِ الم کی اشک افشانی نہیں جاتی
نگاہِ ناز پرور کی پشیمانی نہیں جاتی
دو عالم سے بلاؤں کی فراوانی نہیں جاتی
اگر میرے جنوں کی فتنہ سامانی نہیں جاتی
تمہارے گیسوؤں کی بھی پریشانی نہیں جاتی

خود اپنے روبرو ہیں حشر سامانی نہیں جاتی
کسی عنواں تحیّر کی فراوانی نہیں جاتی

۸۰

وہ اپنا حال کیا سمجھیں پریشانی نہیں جاتی
وہ اپنا رنگ کیا دیکھیں کہ حیرانی نہیں جاتی
کبھی تصویر سے تصویر پہچانی نہیں جاتی

وہ پہلی سی نہ اب شانِ طلب میں طمطراقی ہے
نہ وہ رندانہ جرأت ہے نہ وہ اندازِ ساقی ہے
نہ وہ نظریں نہ وہ اہلِ جنوں کی خوش مذاقی ہے
کلیم طور باقی ہے نہ اب منصور باقی ہے
مگر دنیا سے رسمِ جلوہ سامانی نہیں جاتی

نہ یہ غم ہے کہ طوفاں جانستاں ہوگا تو کیا ہوگا
نہ یہ ہے فکر ساحل تک نہیں پہنچا تو کیا ہوگا
مگر اے ناخدا یہ حشر اگر اُٹھا تو کیا ہوگا
سفینہ ڈوبنے سے پہلے دِل ڈوبا تو کیا ہوگا
محیطِ یاس ہے موجوں کی طغیانی نہیں جاتی

۸۱

نہ غم ہے کوئی لیلےٰ کا نہ کوئی فکر محمل کا
نہ تنہائی کا رونا ہے نہ کچھ خواہش ہے محفل کی
بہت رسوا ہوں لیکن انجمن میں اپنے قاتل کی
پریشانی گئی ترکِ محبت سے مرے دِل کی
مگر ترکِ محبت کی پشیمانی نہیں جاتی

سلامت جستجو ہر گام پر اک حسنِ منزل ہے
جہاں کی وسعتوں میں جلوہ فرما حسنِ کامل ہے
جنونِ عشق کو ہر ذرّہ اک آئینۂ دل ہے
نگاہِ قیس ہونا چاہیئے ہر پردہ محمل ہے
کہ لیلیٰ بزم میں ہے اور پہچانی نہیں جاتی

بھلانا چاہتا ہوں رنجِ ماضی رحم فرماؤ
مری تقدیر میں کیا لکھ دیا ہے تم ہی سمجھا دو
مجھے معلوم ہو کچھ حالِ مستقبل تو کیسے ہو

۸۲

بہت دیکھا ہے آئینہ بن ماتھے کی لکیروں کو
تمہارے ہاتھ کی تحریر پہچانی نہیں جاتی

نہیں ارمان کوئی عشق کے پرچم کے دامن میں
نہیں اب آرزوئیں حشرزا عالم کے دامن میں
تمنائیں ہوئیں خاموش جوشِ غم کے دامن میں
امیدیں سوگئیں مایوسئ پیہم کے دامن میں
ہوائے شوق کی گہوارہ جنبانی نہیں جاتی

کہاں کھلتے ہیں گلہائے محبت صحنِ گلشن میں
کہاں ہیں برق پاشی کی ادائیں وشتِ ایمن میں
کہاں ہے وہ تپش وہ سوزِ قلبِ سوختہ تن میں
امیدیں سوگئیں مایوسئ پیہم کے دامن میں
ہوائے شوق کی گہوارہ جنبانی نہیں جاتی

۸۳

ازل کی صبح سے دلمیں ہمارے اُن کا جلوہ تھا
مگر افشائے راز اب تک خلافِ مصلحت سمجھا
یہ سوچا پھر انہیں سے ان کی صورت کا چھپانا کیا
وہ سمجھے تھے کہ آئینہ حقیقت بن نہیں سکتا
مقابل آگئے دِل کے تو حیرانی نہیں جاتی

مری دُنیا سے کوسوں دُور ہے اب ہوش کی دُنیا
سرور و کیف و سرمستی کے عالم میں ہے ہر جلوا
مری آنکھوں میں ہے اختر جمالِ نرگسِ شہلا
نگاہِ حسن نے کی ہے ودیعت جو مجھے صہبا
مرے دل سے کبھی وہ کیف سامانی نہیں جاتی

تضمین

بر غزل ڈاکٹر اقبال علیہ الرحمۃ

تمہیں بے رُخی سزاوار کیا تھی
ادائے تسلّی بھی دشوار کیا تھی
بتاؤ تو یہ شانِ انکار کیا تھی
نہ آتے ہمیں اس میں تکرار کیا تھی
مگر وعدہ کرتے ہوئے عار کیا تھی

کُھلا خط دیا، اُف! غضب راز کھولا
ہے افسوس ترکِ ادب، راز کھولا!

۸۵

بھری بزم میں بے سبب راز کھولا
تمہارے پیامی نے سب راز کھولا
خطا اس میں بندے کی سرکار کیا تھی

مری بیخودی نے کیا راز افشا
نظر کو تری مل گیا اک اشارا
بڑے ناز و انداز سے مجھ کو دیکھا
بھری بزم میں اپنے عاشق کو تاڑا
تری آنکھ مستی میں ہشیار کیا تھی

وہ یکتا ہیں باتیں بنانے میں قاصد
نہیں ان کا ثانی زمانے میں قاصد
بڑے تیز ہیں ظلم ڈھانے میں قاصد
تامل تو تھا اُن کو آنے میں قاصد
مگر یہ بتا طرزِ انکار کیا تھی

۸۶

مذاقِ طلب سے تھے مجبور موسیٰؑ
مۓ بیخودی میں رہے چُور موسیٰؑ
تھے جذباتِ اُلفت سے مخمور موسیٰؑ
کھنچے خود بخود جانبِ طُور موسیٰؑ
کشش تیری اے شوقِ دیدار کیا تھی

سخن سے ترے محوِ حیرت ہے دُنیا
اُٹھا ہے حریمِ معانی کا پردا
یونہی تیرا اخترؔ بھی ہے تیرا شیدا
کہیں ذکر رہتا ہے اقبالؔ تیرا
فسوں تھا کوئی تیری گفتار کیا تھی

۸۷

تضمین

بر غزل حضرت بہزاد لکھنوی

کتنے آلامِ محبت سہہ گئے
پھر مجسّم درد بن کر رہ گئے
دل کے نالے تا بہ مہر و مہ گئے
ہم خیالاتِ جنوں میں بہہ گئے
ہائے کیا کہنا تھا اور کیا کہہ گئے

عُمر بھر کرتے رہے ضبطِ فغاں
غم نہیں ہونے دیا اُن پر عیاں
اپنے دشمن ہی رہے دونوں جہاں

۸۸

ہم زمین و آسماں کی سختیاں
چار دن کی زندگی میں سہہ گئے
آہ کرنے کا کرشمہ دیکھیے
ورنہ ان کا اور نقابِ رُخ اُٹھے
بزم میں پھر سامنے بیٹھے رہے
غم کا کیا کہنا زبانِ حال سے
بے کہے بھی ہم تو سب کچھ کہہ گئے
راہِ غم میں چاہیے عزمِ جواں
جوشِ دل کے ساتھ تھے ہم بھی رواں
کیا کہیں اب تجھ کو مرگِ ناگہاں
منزلِ مقصد پہ پہنچا کارواں
ایک بس ہم تھے کہ پیچھے رہ گئے
کہتے تھے ان کا بیاں دُہرائیں گے
خوبصورت سرخیاں سوچا کیے
پھر خدا معلوم کیا فقرے کہے

۸۹

کیا بجائے داستانِ حُسن کے
ہم محبت کا فسانہ کہہ گئے
اپنے عہدِ سرخوشئ شوق میں
جوششِ فتنہ گریٔ شوق میں
بزم میں وارفتگیٔ شوق میں
ان سے اپنی بیخودیٔ شوق میں
جو فسانہ یاد تھا وہ کہہ گئے
اب کہاں کوئی طرب کوشِ جنوں
کون ہو اب خاک بردوشِ جنوں
اب تو اخترؔ ہے ہمیں ہوشِ جنوں
اب کہاں بہزادؔ وہ جوشِ جنوں
صرف کہنے کو فسانہ کہہ گئے

جامِ نو (تضمینی شاعری) اختر انصاری اکبرآبادی

(۹۰)

تضمین

بر غزل حضرتِ جگرؔ مرادآبادی

نظریں ملا کے مجھ کو فرزانہ کر دیا ہے
اس شعبدہ گری نے کیا کیا نہ کر دیا ہے
ارمان و آرزو کو افسانہ کر دیا ہے
احساسِ عاشقی سے بیگانہ کر دیا ہے
یوں بھی کسی نے اکثر دیوانہ کر دیا ہے

رنگِ تپش ملا ہے جانِ بہار تجھ سے
شاید کہ ہے فروغِ برق و شرار تجھ سے
محفل میں کیا ملے گا دل کو قرار تجھ سے
اب کیا امید رکھوں اے حسنِ یار تجھ سے

۹۱

تو نے تو مُسکرا کر دیوانہ کر دیا ہے

ہیں وحشتیں گوارا اب ناز کی کو اے دِل
کیا کیجے گیسوؤں کی اس برہمی کو اے دِل
بیخود بنا دیا ہے اہلِ خودی کو اے دِل
تجھ سے خدا ہی سمجھے تو نے کسی کو اے دِل
مجھ سے بھی کچھ زیادہ دیوانہ کر دیا ہے

پھر میرے دِل میں غم کی شمعیں بھڑک رہی ہیں
پھر بجلیاں سی میرے پہلو میں کوندتی ہیں
پھر آج آرزوئیں بیدار ہو گئی ہیں
پھر اُس کے دیکھنے کو آنکھیں ترس رہی ہیں
بادش بخیر جس نے دیوانہ کر دیا ہے

عریاں ہیں دل کے جذبے شکوہ جو ہے تو یہ ہے
ہوتے ہیں غم کے چرچے شکوہ جو ہے تو یہ ہے
اب کیا کسی سے کہیے شکوہ جو ہے تو یہ ہے
مجھ کو جنوں سے اپنے شکوہ جو ہے تو یہ ہے

۹۲

میری محبّتوں کو افسانہ کر دیا ہے
کیا کیا نہ کچھ کیا ہے اک جنبشِ نظر نے
رازِ جنوں لکھا ہے اک جُنبشِ نظر نے
سب کچھ بھلا دیا ہے اک جنبشِ نظر نے
جب دِل میں آ گیا ہے اک جنبشِ نظر نے
دیوانہ کہہ دیا ہے دیوانہ کر دیا ہے
یوں بھی گرا رہے ہیں وہ بجلیاں تو دیکھو
یہ ہے ستم ظریفی، انگڑائیاں تو دیکھو
اختر یہ ان کے دل کی جولانیاں تو دیکھو
مجھ سے ہی پوچھتے ہیں یہ شوخیاں تو دیکھو
میرے جگر کو کس نے دیوانہ کر دیا ہے

جامِ نو (تضمینی شاعری) اختر انصاری اکبرآبادی

(۹۳)

تضمین

بر غزل حضرت ندرت میرٹھی

وہ ستارے وہ درخشاں ماہ پارے کیا ہوئے
وہ جہانِ عشق کے رنگیں نظارے کیا ہوئے
جن میں تھے پوشیدہ شعلے وہ شرارے کیا ہوئے
دل کے ٹکڑے کیا ہوئے آنکھوں کے تارے کیا ہوئے
سچ بتا اے خاک وہ آنسو ہمارے کیا ہوئے

وادیٔ حسن و محبت کے نظارے کیا ہوئے
عشق کی وہ طمطراقی، وہ طرارے کیا ہوئے
یہ کرم بھی شوخ نظروں کے سہارے کیا ہوئے
ہوش کھوئے، دل گیا، تم سے اشارے کیا ہوئے

۹۴

لُٹ گئی دُنیا ہماری تم ہمارے کیا ہوئے
وہ تبسّم کی ادائیں پیاری پیاری کیا ہوئیں
وہ تکلّم، وہ نگاہیں پیاری پیاری کیا ہوئیں
وہ ترنّم، وہ بہاریں پیاری پیاری کیا ہوئیں
وہ جوانی اور وہ راتیں پیاری پیاری کیا ہوئیں
وہ زمانہ اور وہ دن پیارے پیارے کیا ہوئے
زندگی تھی جب تو اک دن بھی نہ آئے پوچھنے
نزع کی مشکل میں تھے ہم اور وہ ہنستے رہے
اے اجل حسنِ پشیمانی کے صدقے جائیے
یوں لپٹ کر روئیں گے کب تک ہماری لاش سے
وہ ہوئے بھی اب ہمارے تو ہمارے کیا ہوئے
عشق میں لینی تھی انگڑائی حیاتِ جاوداں
آ گئے جس بزم میں لائی حیاتِ جاوداں
یوں اجل کے بھیس میں آئی حیاتِ جاوداں
جان دینے والوں نے پائی حیاتِ جاوداں

۹۵

اُن کے سودے میں محبت کے خسارے کیا ہوئے
ہوش سے بیگانہ تھے لیکن بڑے خوددار تھے
اُٹھ گئے دُنیا سے شاید جب وہ محفل سے اُٹھے
اُن کو بستی میں کہیں دیکھا نہ صحرا میں ملے
تیرے دیوانے گئے تھے اُٹھ کے تیری بزم سے
پھر نہیں معلوم وہ آفت کے مارے کیا ہوئے
دِل لگایا ہے کسی سے تو گداگر کیوں بنو
گوشِ دل سے تم کلامِ حضرتِ اختر سنو
عافیت چاہو تو بچ کر کفر و ایماں سے رہو
بھیک مانگی دیر میں دن کو حرم میں رات کو
یوں ہوئے ندرت گذارے تو گذارے کیا ہوئے

۹۶

تضمین

بر غزل حضرت فطرتؔ میرٹھی

اب اُس بزم میں ایسے آ جا رہا ہوں
کہ بگڑا ہوا سا بنا جا رہا ہوں
یہ کیسی ہوا میں اُڑا جا رہا ہوں
خبر لو مری میں لُٹا جا رہا ہوں
زمانہ میں رسوا ہوا جا رہا ہوں

کجا ذوقِ کامل، کجا میری ہستی
کجا وسعتِ دل، کجا میری ہستی
کجا تیری محفل، کجا میری ہستی
کجا میری منزل، کجا میری ہستی

۹۷

مگر بیخودی میں چلا جا رہا ہوں

رہو محوِ عیش و طرب، تم تو چھوٹے
خفا یوں نہ ہو بے سبب، تم تو چھوٹے
عبث ہے یہ غیظ و غضب تم تو چھوٹے
مٹانے کی زحمت سے، اب تم تو چھوٹے
کہ میں بے مٹائے مٹا جا رہا ہوں

تلوّن بلا کا ہے، شوخی بلا کی
مگر تم پہ نازل ہو رحمت خدا کی
تعجب ہے یہ بے وفا نے وفا کی
محبت کی معراج تم نے عطا کی
اس احسان سے میں دبا جا رہا ہوں

محبت کی دُنیا ہے اور بے بسی ہے
جنوں ہے، وفا ہے، شکستہ دِلی ہے
غمِ عاشقی پھر غمِ عاشقی ہے
مری زندگی یہ کوئی زندگی ہے

۹۸

کہ رہ رہ کے غم میں گھُلا جا رہا ہوں
تمہیں نے دکھائے ہیں جانسوز جلوے
تمہیں نے سُنائے ہیں دلدوز نغمے
تمہیں نے دیئے اہلِ الفت کو چرکے
تمہیں ٹھہرے مالک مری جان و دِل کے
تمہارے ہی ہاتھوں لُٹا جا رہا ہوں
نہ چھیڑو مجھے ہوش میں اب نہیں ہوں
خرد جانتی ہی نہیں غم کا افسوں
کوئی بے خبر ہو تو اختر میں کہدوں
ہے اک رازِ فطرت تجھے کیا بتاؤں
جو کوُچے میں اس کے میں آ جا رہا ہوں

۹۹

تضمین

بر غزل خود

شکوۂ بے وفا نہیں کرتے
ظلم کا کچھ گِلا نہیں کرتے
درد کو لا دوا نہیں کرتے
عشق کی ابتدا نہیں کرتے
ہوش ہوتا تو کیا نہیں کرتے
عرض ہم مدعا نہیں کرتے
تم سے یہ بھی کہا نہیں کرتے
پردۂ نا روا نہیں کرتے
بزم سے یوں اُٹھا نہیں کرتے
اہلِ دل سے حیا نہیں کرتے

۱۰۰

اک قیامت بپا ہو شام و سحر
بہے آنکھوں سے اور خونِ جگر
درد بن جائے فتنۂ محشر
ہو جنوں کا مآل کچھ بھی مگر
غمِ دل ناسزا نہیں کرتے

اشک آنکھوں میں آئے ہیں جیسے
تارے سے جھلملائے ہیں جیسے
مہر و مہ جگمگائے ہیں جیسے
زخمِ دل مسکرائے ہیں جیسے
پھول ایسے کِھلا نہیں کرتے

بخش میرے گناہ کو کافر
کیسے روکوں نگاہ کو کافر
عام کر جلوہ گاہ کو کافر
دیکھ لے مہر و ماہ کو کافر
حُسن والے چھپا نہیں کرتے

(۱۰۱)

وہ جو تجھکو بلائے دیوانے
بھید دل کا نہ پائے دیوانے
کیوں قدم ڈگمگائے دیوانے
آہ لب تک نہ آئے دیوانے
رازِ اُلفت کہا نہیں کرتے

کون کہتا ہے اشک بہتے ہیں
بزم میں ہم خموش رہتے ہیں
راز کی بات تم سے کہتے ہیں
ایک اک ٹھیس ہنس کے سہتے ہیں
دردِ دل کی دوا نہیں کرتے

کیف اندوز ہر نظر ہوتی
ہر گھڑی عیش میں بسر ہوتی
کچھ بھی اپنی اگر خبر ہوتی
زندگی، زندگی اگر ہوتی
ہم اجل کو خفا نہیں کرتے

۱۰۲

مشکلوں سے ہو دل اگر خوگر
آہ کس طرح سے آئے پھر لب پر
بحرِ اُلفت میں ہم ہیں گرمِ سفر
ہو کے ساحل سے دُور اے اختر

شکوۂ ناخدا نہیں کرتے

تضمین

حضرت جدّت میرٹھی

یہاں کیفِ رقصِ شرر ہی بہت ہے
سرورِ شعاعِ قمر ہی بہت ہے
تری مستیٔ فتنہ گر ہی بہت ہے
ہمیں چشمِ صہبا اثر ہی بہت ہے
اِدھر دیکھ ساقی نظر ہی بہت ہے

۱۰۴

چلیں تیر کیوں اک نظر ہی بہت ہے
جنوں میں تو ہوشِ جگر بھی بہت ہے
نہ کر دل کا غم کیف ادھر ہی بہت ہے
محبت میں دل بے خبر ہی بہت ہے

مئے عشق غفلت اثر ہی بہت ہے

گُل و سرو و سوسن مبارک مبارک
بہاروں کا مسکن مبارک مبارک
قیامت بہ دامن مبارک مبارک
تمہیں سیرِ گلشن مبارک مبارک

مجھے میرا داغِ جگر ہی بہت ہے

۱۰۵

سہارا لیا ہے یونہی قیدِ غم کا
محبت میں ہے ننگِ ہستی تڑپنا
غلط ہے جو صیاد نے حال سمجھا
اسیرِ قفس کو غمِ بال و پر کیا
جو تڑپے تو بے بال و پر ہی بہت ہے

بتایا بُرا روگ ہے عاشقی کا
کہا دیکھ اچھا نہیں ہے یہ سودا
مگر راہ پر یہ ستم گر نہ آیا
تری ٹھوکروں میں ہی دل ٹھیک ہوگا
یہ کمبخت شوریدہ سر ہی بہت ہے

---

(۱۰۶)

کریں عشق میں تا کجا دل کا ماتم
مزہ دے رہے ہیں ترے تیرِ پیہم
بڑا ہمت افزا ہے داغوں کا عالم
غمِ بے دلی کیا خوشا لذّتِ غم

اگر دل نہیں ہے جگر ہی بہت ہے

بچے شیخ صاحب کے لطف و کرم سے
برہمن کا غم ہے نہ مطلب صنم سے
اب آزاد ہیں ہم زمانے کے غم سے
غرض کیا کلیسا و دیر و حرم سے

ہمیں اک ترا سنگِ در ہی بہت ہے

۱۰۷

مری جان کھانے کو بیٹھے ہیں ناصح
پریشان کرنے کو آئے ہیں ناصح
مرا دردکیا خاک سمجھے ہیں ناصح
کچھ اس طرح ہمدرد بنتے ہیں ناصح

اُنہیں جیسے دل کی خبر ہی بہت ہے،

سمجھتے تھے اختر محبت کو رحمت
پڑی جان پر رفتہ رفتہ مصیبت
کہیں کیا کہ ناگفتنی سی ہے حالت
ہوا ہے یہ معلوم اب دل کو حدّت

محبت اذیّت اثر ہی بہت ہے

۱۰۸

تضمین

بر غزل حضرتِ ابوظفر صہباؔ

جی چاہتا ہے جوشِ خلش جاوداں رہے
ہے آرزوئے قلب و جگر غم جواں رہے
میری زمیں سے دُور کہیں آسماں رہے
دل بے نیازِ گردشِ دورِ جہاں رہے
اللہ میرا دردِ جہاں ہے وہاں رہے

صیّاد کی نگاہِ غضب کامراں رہے
گلچیں کا ظلم و جَور بھی وجہِ زیاں رہے

۱۰۹

ان حادثوں کے بعد نمودِ خزاں رہے
بجلی رہے، بہار رہے، باغباں رہے
گلشن میں سب رہیں تو نشیمن کہاں رہے

کچھ یوں حریمِ عیش کی بُنیاد ہل گئی
اب موجِ بیقرارِ الم تا بہ دل گئی
سرمستیٔ بہار بھی ہو کر خجل گئی
آخر مرادِ فطرتِ غم دوست مل گئی
ناشادماں رہے بھی تو ہم شادماں رہے

سمجھے تھے اس مکاں میں رہیں گی تجلیاں
لیکن وفورِ درد میں تھا وہ غلط گماں
اب فکر ہے نہ جائے کہیں شوق رائیگاں
وہ حسنِ جاں نواز کہاں غم کدہ کہاں
جب دل میں غم ہی غم ہوں تو جلوہ کہاں رہے

۱۱۰

اختر چھڑا ہے بزم میں پھر نغمۂ بہار
یہ ابرِ میکدہ ہے کہ ہے جلوۂ بہار
ساقی نے ایسے پیش کیا تحفۂ بہار
جچتا نہیں ہے اب کوئی گلدستۂ بہار

صہبا نظر میں جامِ مئے ارغواں رہے

تضمین

بر غزل حضرت جگرؔ مرادآبادی

اگر اپنی صورت کو ترسائے گا
تو صورت ہماری نہیں پائے گا
تغافل اگر کام میں لائے گا
جو اب بھی نہ تکلیف فرمائے گا

تو بس ہاتھ ملتے ہی رہ جائیگا

۱۱۲

ہمارے جنوں سے نہ گھبرائے گا
نہ چھپنے کی اپنے قسم کھائے گا
کہاں تک حیا ہم سے فرمائے گا
نگاہوں سے چھپ کر کہاں جائے گا

جہاں جائے گا ہمیں پائے گا

کوئی اور کیا جانے اسرارِ اُلفت
محبت ہے خود رازدارِ محبّت
چلو کر چکے وحشیوں کو نصیحت
نہیں کھیل ناصح جنوں کی حقیقت

سمجھ لیجیے گا تو سمجھائے گا

کبھی اب نہ ٹوکیں گے ترکِ ستم پر
بس اب خاک ڈالی اُمیدِ کرم پر

جامِ نو (تضمینی شاعری) اختر انصاری اکبرآبادی

۱۱۳

گذرنا ہے جو کچھ گذاریں گے دم پر
ہمیں بھی یہ اب دیکھنا ہے کہ ہم پر

کہاں تک توجہ نہ فرمائیے گا

کہے گی نظر داستانِ محبّت
خموشی سے ہوگا بیانِ محبّت
تجاہل بھی ہے ترجمانِ محبّت
کہیں چُپ رہی ہے زبانِ محبّت

نہ فرمائیے گا تو فرمائیے گا

تغافل کا شیوہ مُبارک مُبارک
غرورِ تماشا مبارک مبارک
دلِ بے تمنّا مبارک مبارک
بھُلانا ہمارا مبارک مُبارک

(۱۱۴)

مگر شرط یہ ہے نہ یاد آئیے گا

ہمیں سے ہے حُسنِ ادا، رنگِ محفل
ہمیں سے ہے شانِ حیا رنگِ محفل
ہمیں سے ہے محشر نما رنگِ محفل
ہمیں جب نہ ہوں گے تو کیا رنگِ محفل
کسے دیکھ کر آپ شرمایئے گا

کوئی حاصلِ رد و کد بھی ہے آخر
تمہیں کچھ غمِ نیک و بد بھی ہے آخر
تفاخر کی اختر سند بھی ہے آخر
جنوں کی جگر کوئی حد بھی ہے آخر
کہاں تک کسی پر ستم ڈھایئے گا

تضمین

براشعار حضرت صبؔا اکبرآبادی

یہ رنگ و بو مرے ایثار کا کرشمہ ہے
نشاطِ صحنِ چمن میرے غم کا جلوہ ہے
شگفتگی، مری افسردگی کا تحفہ ہے
بہارِ گُل مری آزادیوں کا صدقہ ہے
جو میں قفس میں نہ آؤں تو کیوں بہار آئے

۱۱۶

کہا نہ تھا مرے آنسو نہ اس طرح پونچھو
اب اپنے دامنِ رنگیں سے داغ دھوڈالو
دُعا یہ ہے کہ لہو میرے دِل کا پانی ہو
کہیں نظر نہ لگے رنگِ اشکِ خونیں کو

خزاں کا بھیس بدل کر مری بہار آئے

فضائے درد میں انگڑائیاں یہ کس نے لیں
کرشمہ ساز ہے کس کا تبسّمِ رنگیں
یہ کس کی شوخ نگاہیں خلش طراز ہوئیں
یہ کس نے دل کی تڑپ میں نزاکتیں بھر دیں

وہ حال ہے کہ مرے دشمنوں کو پیار آئے

---

(۱۱۷)

جنونِ غم نے بہت ان کی راہ دیکھی ہے
حجابِ حُسن کی یہ بھی ستم ظریفی ہے
اب اہلِ شوق ہیں اور ذوقِ خودنمائی ہے
اب آنکھ در پہ نہیں دل کی سمت رہتی ہے

بہت دنوں میں یہ آدابِ انتظار آئے

حرفِ آخر

میرے دوستوں کا مجھ پر یہ الزام ہے کہ تمہارے نظریات اور خیالات میں پُرانا پن ہے، اسی لئے تمہیں شاعری کی ایسی اصناف سے دلچسپی ہے کہ جن کو اس دَور کے شاعر پسندیدہ نظر سے نہیں دیکھتے ممکن ہے مجھ پر یہ الزام صحیح ہی ہو، مگر اتنا ضرور ہے کہ میں سطحی کاموں کا قائل نہیں۔ ہر کام کاوش چاہتا ہے۔ خداداد صلاحیتوں کے استعمال کے لئے بھی سلیقہ اور کاوش کی ضرورت ہے۔ یہی وجہ ہے کہ میں شاعری میں ایسی اصناف اور ایسی بحروں پر طبع آزمائی کرتا ہوں کہ جن میں صلاحیتوں کے ساتھ ساتھ غور و فکر کو بھی دخل ہو۔ "جامِ نو" میری تضمینوں کا دوسرا مجموعہ ہے۔ میں نے کوشش کی ہے کہ جن پہلوؤں کو شعرائے کرام نے اجاگر نہیں کیا تھا ان کو اپنے مصرعوں سے سامنے

لے آؤں۔ نیز یہ بھی خیال رکھا ہے کہ مصرعہ اصل غزل کے رنگ میں ترتیب پائیں۔ میں اس کوشش میں کس حد تک کامیاب ہوں اس کا فیصلہ تو اہلِ نظر ہی پر چھوڑتا ہوں۔ تاہم مجھے یہ یقین ضرور ہے کہ نوجوان شعراء اس صنف پر طبع آزمائی کرتے ہوئے محض کاوش و محنت کی وجہ گریز ہی سے کام لیتے ہیں۔ مگر برخلاف اس کے میں نے ہر غزل پر اس یقین و اعتماد سے مصرعے پیوست کئے ہیں کہ اس اجمال کی تفصیل اس سے بہتر صورت میں نہیں ہو سکتی۔ ہو سکتا ہے کہ دوسروں کو میری اس جسارت سے اتفاق نہ ہو مگر میں مطمئن ہوں۔

ناسپاسی ہوگی اگر میں یہاں ان رفیقوں کا تذکرہ نہ کروں کہ جن کی رفاقت پر مجھے ناز ہے۔ میرا ایک بھائی صہبا اختر (علیگ) ہے جو کہ نہ صرف اچھا شاعر ہے بلکہ شعر کے سمجھنے کا سلیقہ اور یادداشت اس درجہ ہے کہ بعض اوقات اس کی خداداد صلاحیتیں مجھے حیرتِ تماشا بنا دیتی ہیں۔ میرا حافظہ کافی کمزور ہے مگر میرے اکثر شعر صہبا کو یاد ہیں۔ زود گوئی کا بُرا ہو کچھ اتنا کہا ہے کہ یہ اندازہ بھی میرے لئے

دشوار ہو جاتا ہے کہ میری کون سی نظم و غزل بہت اچھی ہے اور کونسی سطحی۔ مگر صہبا نے میری جس غزل کو اچھا کہا ہے وہ اچھی ہی ہوتی ہے اور جس کو اس نے سرسری کہا میں نے بھی اسے سرسری ہی پایا۔ ان خصوصیات کے علاوہ وہ عام شاعروں جیسی ذہنیت نہیں رکھتا ورنہ ظاہر تھا کہ مجھے عزیز نہ ہوتا۔ اس عزیز کی محبّت کا اثر میں اپنے دِل میں غیر معمولی طور پر پاتا ہوں۔ اور مجھے اس پر اتنا اعتماد ہے کہ اپنا کوئی مستقل مجموعہ کلام جب شائع کرنے کا خیال ہوگا تو شاید اس کے انتخاب کی ذمہ داری صہبا اختر (علیگ) ہی پر ڈالوں گا۔

میرے ایک رفیق غالب صاحب ہیں پاکستان میں اتنے اچھے آرٹسٹ کم ہیں۔ سرورق ان ہی کی فن کاری کا آئینہ ہے۔ ان کی رفاقت کی میں قدر کرتا ہوں۔ اچھا ادبی ذوق رکھتے ہیں۔ ماہنامہ بربط کے مالک ہیں جس کی ادارت کا بار میرے کمزور کاندھوں پر ہے۔ ایسے مخلص دوست مشکل ہی سے ملتے ہیں۔

اس کتاب کا انتساب **فنا** ذکے نام کر رہا ہوں

ان کی دوستانہ عنایات مجھ پر کچھ اس درجہ ہیں کہ اسی تاثر کا یہ نتیجہ ہے کہ یہ کتاب ان کی نذر کر رہا ہوں ــــ سرمایہ دار ادیب اور غریب شاعر کا اتحاد ممکن تو نہیں ہے مگر اس کی باوجود ہیں اور وہ دوست ہیں اس لئے کہ وہ مجھے سرمایہ دار کم اور ادیب زیادہ نظر آئے۔ ان کی ادبی صلاحیتوں سے میں غیر معمولی طور پر متاثر ہوں۔

"ازدواجی اُلجھنیں" جب شائع ہوئی تو میں نے اندازہ کیا، کہ یہ صرف 'نفسیات' جیسے عنوان پر ہی اُلجھ کر رہ جائیں گے۔ مگر اس کے بعد ہی ان کا افسانوی مجموعہ "سرد شعلے" بھی منظرِ عام پر آیا تو مجھے ناز کے ادبی رجحان کا کافی حد تک اندازہ ہوگیا۔ ایسے لکھنے والے کم ہیں جو بیک وقت نفسیات پر بھی مہارت رکھتے ہوں اور بے تکان افسانے بھی لکھتے ہوں۔

آخر میں ان کرم فرماؤں کا شکریہ ادا کرنا ہے کہ جنہوں نے اس مجموعے کے لئے اپنی بہتر آراء کا اظہار

فرمایا۔ اور "جامِ نو" کو اس لائق سمجھا کہ اس کے لئے تعریفی کلمات لکھے جا سکیں۔

کاشانۂ حمید۔ خلوص کا۔
رتن تلاؤ۔ کراچی۔ اختر انصاری اکبرآبادی

یکم دسمبر — ۱۹۴۹ء

———